浙江金融发展报告

——蓝皮书（2024）——

陈国平　史晋川◎总主编

汪　炜　章　华◎主　编

ZHEJIANG UNIVERSITY PRESS
浙江大学出版社
·杭州·

图书在版编目（CIP）数据

浙江金融发展报告：蓝皮书. 2024 / 汪炜，章华主编. -- 杭州：浙江大学出版社，2025. 6. -- ISBN 978-7-308-22103-0

Ⅰ. F832.755

中国国家版本馆 CIP 数据核字第 2025A29W62 号

浙江金融发展报告——蓝皮书（2024）

汪　炜　章　华　主编

策划编辑	陈佩钰
责任编辑	葛　超
责任校对	金　璐
封面设计	续设计
出版发行	浙江大学出版社
	（杭州市天目山路148号　邮政编码310007）
	（网址：http://www.zjupress.com）
排　　版	杭州晨特广告有限公司
印　　刷	杭州高腾印务有限公司
开　　本	787mm×1092mm　1/16
印　　张	12
字　　数	184千
版 印 次	2025年6月第1版　2025年6月第1次印刷
书　　号	ISBN 978-7-308-22103-0
定　　价	88.00元

本书编委会

编 写 单 位 浙江省金融研究院

浙江大学金融研究院

浙江省金融业发展促进会

总 主 编 陈国平 史晋川

副 总 主 编 （按姓氏笔画排序）

吴登芬 张 奎 周家龙 曹 勇 盛益军

主   编 汪 炜 章 华

编委会委员 （按姓氏笔画排序）

丰秋惠 王义中 石琼旖 邬介然 杨柳勇

张锦铭 陈 姝 陈 桦 陈定泽 周 维

胡迪明 贺 聪 唐成伟 常 青

前　言

　　金融是国民经济的血脉,是国家核心竞争力的重要组成部分。党中央高度重视金融工作,中央金融工作会议强调,要加快建设金融强国,全面加强金融监管,完善金融体制,优化金融服务,防范化解风险,坚定不移走中国特色金融发展之路,推动我国金融高质量发展,为以中国式现代化全面推进强国建设、民族复兴伟业提供有力支撑。在此背景下,按照浙江省委、省政府的要求,把本书编写好,以求全面反映浙江在金融领域不断进行探索,努力为建设金融强省而奋斗的各项工作,其意义就更为凸显。本年度的浙江省金融发展报告一如既往地得到了浙江省地方金融监督管理局、中国人民银行浙江省分行、国家金融监督管理总局浙江监管局、浙江证监局、浙江省股权投资行业协会等相关单位的大力支持和帮助,在此一并致谢。

　　本报告共分三篇。第一篇为金融经济运行与金融行业分类报告,由一个总报告和六个行业报告组成。第一章反映出浙江省金融业在2023年的整体发展水平;金融行业分类报告以银行、证券、保险、小额贷款公司、上市公司、股权投资六个行业领域分报告为主体,较为全面地反映了2023年浙江省金融业子行业发展情况。第二篇为金融热点问题研究,以反映浙江省地方金融发展特色亮点为宗旨,采用点面结合的分析视角,总结回顾宁波和丽水普惠金融改革、衢州和湖州绿色金融改革,深入研究农户家庭资产负债表编制和融资应用。第三篇为智库重大课题成果专栏——金融"五篇大文章"咨询要报。浙江大学金融研究院作为浙江省新型重点专业智库,围绕浙江省社科规划全国影响力建设智库重大课题"扎实做好金融大文章,全力推进金融强省建设研究"(课题编号:ZKZD2024012),分"金融强省"发展战略、

"五篇金融大文章"和"三篇金融特色文章"三个子课题展开研究,形成一系列重要咨询成果,获得省领导的高度关注和国家相关部门的采纳。本年度的《浙江金融发展报告——蓝皮书(2024)》设立专栏呈现课题研究成果,选取了其中有代表性的六篇咨询要报,涵盖科技金融、绿色金融、普惠金融、养老金融和数字金融五方面,以期更好地推动有影响力智库的建设。

浙江省金融研究院
浙江大学金融研究院
浙江省金融业发展促进会

目 录

金融经济运行与金融行业分类报告

第一章 2023年度浙江省金融运行报告 ·················3

一、金融运行情况 ·················3

二、经济运行情况 ·················14

三、发展展望 ·················22

第二章 2023年度浙江省银行业发展报告 ·················23

一、2023年度浙江银行业运行总体状况 ·················23

二、浙江省银行业发展展望 ·················25

第三章 2023年度浙江省证券业发展报告 ·················28

一、浙江省资本市场发展概况 ·················28

二、浙江省资本市场当前存在的主要问题及风险 ·················31

三、浙江资本市场发展展望 ·················32

第四章 2023年度浙江省保险业发展报告 ·················33

一、2023年度浙江保险业运行总体状况 ·················33

二、浙江省保险业发展展望 ·················36

第五章　2023年度浙江省小额贷款公司行业发展与监管报告 ……38

一、2023年度浙江小贷行业发展情况 ………………………38

二、浙江省小贷行业监管情况 …………………………………39

三、浙江小贷行业未来发展重点 ………………………………40

第六章　2023年度浙江省上市公司发展报告 ………………42

一、上市公司数量概况 …………………………………………42

二、上市公司市值情况 …………………………………………45

三、上市地和板块分布 …………………………………………48

四、上市公司行业分布情况 ……………………………………49

五、上市公司控股情况 …………………………………………49

六、上市公司股权质押情况 ……………………………………50

七、上市公司质量、创新发展情况 ……………………………52

第七章　2023年度浙江省股权投资行业发展报告 …………57

一、2023年度浙江私募股权投资市场发展概况 ……………57

二、2023年度浙江省股权投资市场发展分析 ………………61

三、浙江省股权投资业发展趋势分析及政策建议 …………74

金融热点问题研究

第八章　2023年度宁波市普惠金融改革试验区发展报告 ………85

一、科技赋能,数字普惠生态圈提档升级 ……………………85

二、重点突破,融资畅通工程取得新进展 ……………………86

三、均衡发展,全面优化金融生态环境 ………………………86

四、内外兼修,金融开放包容性显著提升 ……………………87

第九章　2023年度丽水市普惠金融服务乡村振兴改革试验区改革进展报告 ……………………88

一、立足机制建设,多举措保障试验区建设有序实施 ……88

二、立足生态发展,推进绿色普惠金融创新 ……88

三、立足区域经济特色,推进数字普惠金融创新 ……89

四、立足强村富民,推进共富普惠金融模式创新 ……89

五、立足服务水平提升,推进多元化金融业态建设 ……90

六、立足城乡统筹,推进基础金融服务创新 ……90

第十章　2023年度衢州市绿色金融改革创新工作报告 ……………92

一、基于碳账户的转型金融工作纵深拓展 ……92

二、金融支持生物多样性工作纳入全球合作体系 ……93

三、探索绿色金融与普惠金融融合发展路径 ……94

第十一章　2023年度湖州市绿色金融和转型金融工作报告 ………95

一、立足"双碳"战略,推进绿色金融与转型金融有效衔接,支持企业绿色低碳转型 ……96

二、站稳人民立场,深化绿色金融和普惠金融融合发展,探索共同富裕新路径 ……97

三、强化系统思维,完善绿色金融工作体系,助力改革行稳致远 ……98

四、聚力示范先行,全面提升金融机构绿色金融能力,源源不断激发市场创新活力 ……99

五、坚持开放理念,主动参与绿色金融国内外交流合作,提升"湖州经验"影响力 ……100

第十二章　农户家庭资产负债表编制和融资应用研究
**　　　　　——如何提高农户融资可得性和精准性** ……………102

一、引言和文献综述 ……102

二、我国农户融资发展现状与问题分析 ……106

三、农户家庭资产负债表编制框架与指标 ……………………111

四、基于农户家庭资产负债表的授信模式及效果 …………121

五、农户家庭资产负债表融资模式发展的宏观价值 ………127

六、结论 ……………………………………………………130

七、参考文献 ………………………………………………130

金融"五篇大文章"咨询要报

第十三章　浙江省银行业保险业科技金融发展:亮点、瓶颈及对策…135

一、浙江省科技金融发展最新概况和特色亮点 ……………135

二、浙江省科技金融发展存在的瓶颈 ………………………138

三、关于浙江省深化科技金融发展的政策建议 ……………140

第十四章　大力发展支持全链条、全周期、全领域科技创新的政府投资基金,做好浙江省科技金融大文章 ………………143

一、政府投资基金发展现状 …………………………………144

二、政府投资基金面临的新挑战 ……………………………146

三、关于发展政府投资基金的政策建议 ……………………147

第十五章　绿色金融促进低碳转型和可持续发展 …………149

一、湖州、衢州绿色金融发展水平指标领跑绿色金融改革试点地区

……………………………………………………………149

二、浙江省绿色金融创新三大模式 …………………………150

三、相关政策建议 ……………………………………………153

第十六章　浙江普惠金融发展的基本经验和下一步建议 ………156

一、尊重规律、把握本质,重视良好生态的第一性 …………156

二、不负本心、特色定位,走好专注专一的长期主义道路 …157

三、放下身段、多维融入,实现市场价值与社会价值内在统一 ……157

四、拓宽视野、数实融合,因时因势理性拥抱前沿科技手段 ………158

五、系统谋划、一体推进,打造多支柱多层次支撑保障体系 ………159

六、立足本省服务全国,继续做好"普惠金融"大文章,力争推进更加综
合的全景式创新改革 ………159

第十七章 关于坚持系统整体设计加快发展商业养老金融的建议…163

一、商业养老金融发展现状 ………163

二、商业养老金融发展面临的挑战 ………164

三、浙江省推进发展商业养老金融的经验与做法 ………165

四、坚持系统整体设计 推进发展商业养老金融 ………166

第十八章 关于推进浙江省数字金融高质量发展的政策建议 ……169

一、数字金融的差异化发展模式 ………170

二、数字金融创新发展的浙江经验 ………171

附录 2023年度浙江省促进金融业发展的政策汇编 ………175

金融经济运行与金融行业分类报告

第一章 2023年度浙江省金融运行报告

一、金融运行情况

2023年,面对复杂的内外部形势,浙江金融系统认真贯彻中央经济工作会议和中央金融工作会议精神,落实好稳健的货币政策,有效防控金融风险,深入推进金融改革创新,持续提升金融服务水平,为浙江经济稳进提质发展和省域现代化、共同富裕"两个先行"提供了强有力支撑。

(一)银行业稳健运行,信贷服务实体经济质效有效提升

2023年,浙江省银行业金融机构认真落实稳健的货币政策要精准有力的要求,围绕浙江省委、省政府三个"一号工程"和"十项重大工程",规范高效用好货币政策工具,扎实推进科技金融、绿色金融、普惠金融、养老金融和数字金融"五篇大文章",持续增强对实体经济的支持力度。信贷总量同比多增,信贷投向持续优化,融资成本处于历史低位,金融生态保持优良,跨境人民币业务扩面增量提效。2023年浙江省银行业金融机构情况如表1-1所示。

表1-1 2023年浙江省银行业金融机构情况

机构类别	营业网点			法人机构数量/个
	机构数量/个	从业人数/人	资产总额/亿元	
一、大型商业银行	3659	90959	94111	0
二、国家开发银行和政策性银行	61	1986	12941	0
三、股份制商业银行	1188	38531	41833	1
四、城市商业银行	2388	73543	65339	13
五、城市信用社	0	0	0	0

续表

机构类别	营业网点			法人机构数量/个
	机构数量/个	从业人数/人	资产总额/亿元	
六、小型农村金融机构	3984	54502	55779	83
七、财务公司	11	654	2111	10
八、信托公司	5	1145	363	5
九、邮政储蓄银行	1689	8413	7306	0
十、外资银行	31	822	771	0
十一、新型农村金融机构	381	7164	1600	78
十二、其他	11	5173	9304	9
合计	13408	282892	291458	199

注:营业网点不包括国家开发银行和政策性银行、大型商业银行、股份制商业银行等金融机构总部;大型商业银行包括中国工商银行、中国农业银行、中国银行、中国建设银行和交通银行;小型农村金融机构包括浙江农商联合银行、农村商业银行、农村合作银行和农村信用社;新型农村金融机构包括村镇银行、贷款公司和农村资金互助社;"其他"包括民营银行、金融租赁公司、汽车金融公司、货币经纪公司、消费金融公司、理财公司等。

数据来源:国家金融监督管理总局浙江监管局。

1.银行业金融机构资产负债平稳增长。2023年末,浙江省银行业金融机构本外币资产总额为29.1万亿元,同比增长14.5%,增速比上年末提高0.1个百分点;负债总额为27.9万亿元,同比增长14.6%,增速与上年末持平。

2.存款增速保持较高水平。2023年末,浙江省金融机构本外币各项存款余额22.1万亿元,比年初新增2.4万亿元,余额同比增长12.4%(见图1-1),增速高于全国平均水平2.8个百分点,连续25个月保持两位数增长。从存款主体看,2023年住户存款、非银行业金融机构存款同比分别多增650亿元、334亿元;非金融企业存款、广义政府存款同比分别少增2023亿元、322亿元。

3.贷款保持稳定增长。2023年末,浙江省金融机构本外币各项贷款余额21.7万亿元,同比增长14.2%(见图1-1),增速高于全国平均水平4.1个百分点;比年初新增2.7万亿元,同比多增2895亿元。从贷款主体看,企业贷款成为贷款增长的主力军。2023年企(事)业单位贷款新增2.2万亿元,同比多增4022亿元;住户贷款新增4377亿元,同比少增1283亿元。

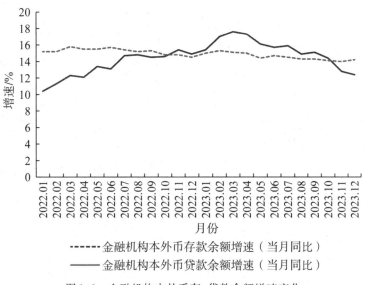

图1-1 金融机构本外币存、贷款余额增速变化

数据来源:中国人民银行浙江省分行。

重点领域金融支持精准有力。开展"共富浙江"金融服务深化年活动,实施"金融促投资、促消费,提升民营企业金融服务"、科创金融服务能力提升等专项行动,持续深化小微企业和个体工商户"信用融资破难""首贷户拓展""万家民企评银行"等系列活动,信贷结构持续优化。2023年,浙江省普惠小微贷款、制造业中长期贷款、科技服务业贷款、涉农贷款分别新增9165亿元、4176亿元、4790亿元、12176亿元,年末余额同比分别增长23.6%、32.6%、25.4%、18.3%,均明显高于各项贷款增速。

4.贷款利率降至历史低位。持续发挥贷款市场报价利率(LPR)改革效能,强化LPR定价机制建设与应用,引导贷款利率下行。2023年,浙江省一般贷款加权平均利率为4.59%,同比下降0.35个百分点。企业贷款加权平均利率为4.02%,同比下降0.34个百分点,其中,大型、中型、小微型企业贷款加权平均利率同比分别下降0.27个、0.38个和0.37个百分点,金融机构一般贷款各利率区间占比情况如表1-2所示。落实存款利率市场化调整机制,督促银行参考以10年期国债收益率为代表的债券市场利率和以1年期LPR为代表的贷款市场利率,合理调整存款利率水平,稳定银行负债成本。

表1-2　2023年金融机构一般贷款各利率区间占比情况①

单位:%

月份	合计	LPR减点	LPR	LPR加点					
				小计	(LPR,LPR+0.5%)	[LPR+0.5%,LPR+1.5%)	[LPR+1.5%,LPR+3%)	[LPR+3%,LPR+5%)	LPR+5%及以上
1月	100.0	29.9	5.3	64.8	19.4	26.0	10.1	5.4	3.8
2月	100.0	35.7	5.0	59.3	18.1	19.9	9.8	6.9	4.6
3月	100.0	36.7	5.8	57.5	18.5	20.5	8.7	6.0	3.8
4月	100.0	35.1	5.1	59.8	17.6	20.0	10.0	7.5	4.8
5月	100.0	35.3	4.7	60.0	18.1	19.9	9.5	7.6	5.0
6月	100.0	37.5	4.4	58.1	19.6	20.6	8.0	6.1	3.7
7月	100.0	37.5	4.4	58.1	19.6	20.6	8.0	6.1	3.7
8月	100.0	37.7	4.4	57.9	17.5	21.3	9.3	5.8	4.0
9月	100.0	37.7	4.2	58.1	17.9	21.2	9.1	5.9	3.9
10月	100.0	37.9	4.5	57.6	17.6	20.6	9.2	6.2	4.1
11月	100.0	38.1	4.1	57.8	17.6	20.3	9.2	6.4	4.2
12月	100.0	38.2	4.1	57.7	17.9	20.3	9.0	6.4	4.1

数据来源:中国人民银行浙江省分行。

5.银行业资产质量保持稳定。浙江省银行业金融机构不良贷款余额有所上升,但不良贷款率仍保持较低水平。2023年末,全省不良贷款余额为1349亿元,比年初增加160亿元;不良贷款率为0.62%,与年初持平,处于历史低位。

6.银行业改革持续深化。开发性、政策性银行和国有大型商业银行改革创新持续深化,农业银行浙江省分行"三农"事业部改革稳步推进。浙江农商联合银行改革成效逐步显现,所辖82家农信机构经营总体稳健。浙商银行理财子公司获批筹建。民营银行和村镇银行运行总体稳健。

7.跨境人民币业务增量提质。深入开展跨境人民币便利贸易投资专项行动,实施"首办户"2.0版,2023年新增跨境人民币"首办户"近1.4万家。完善浙江省跨境人民币贸易投资便利化试点举措,优化企业认定标准和风险防控措施。2023年,浙江省跨境人民币结算量同比增长47.1%,高于全国平均水平22.4个百分点;其中,对"一带一路"共建国家和地区、东盟跨境人民币结算量同比分别增长80.1%、82.7%。

①各部分之和可能因舍入误差而不等于100%,后同。

专栏1:优化金融供给　助力浙江民营经济发展壮大

2023年,中国人民银行浙江省分行立足民营经济大省实际,充分运用货币政策工具,强化科技赋能和机制保障,推动金融机构建立"敢贷、愿贷、能贷、会贷"长效机制,金融服务民营经济取得新成效。2023年末,浙江省民营经济贷款余额为9.6万亿元;2023年全省小微企业贷款加权平均利率同比下降0.37个百分点,为有统计以来历史最低水平。

一、完善工作机制建设,夯实金融支持民营经济制度基础。完善政银企对接机制,会同行业主管部门梳理13类合计8.3万家白名单企业,组织金融机构精准高效对接服务。建立常态化走访服务机制,持续开展"百地千名行长进民企送服务""亲清直通车·政企恳谈会"等系列活动,组建"民营企业金融联络员"队伍,以点带面做好入户宣传和服务。2023年共走访民营和小微企业22.4万户,解决融资需求8165亿元。强化政策协同机制,按照《浙江省促进企业融资奖励办法》,联合相关部门对运用央行再贷款加大民营和小微企业信贷投放的金融机构给予专项奖励。

二、发挥货币政策工具作用,精准支持重点领域和薄弱环节。2023年,浙江省支小再贷款发放金额、普惠小微贷款支持工具激励金额等均居全国前列,有效带动金融机构加大普惠、绿色、科创等领域民营企业信贷支持,年末全省普惠小微、制造业、涉农贷款余额均居全国前列。

三、深入开展专项行动,推动民营经济金融服务提质升级。会同浙江省发展改革委等六部门联合下发《关于开展"金融促投资、促消费,提升民营企业金融服务"专项行动的通知》(杭银发〔2023〕51号),引导金融机构进一步落实民企贷款"两个一致"要求,多渠道增加民营企业融资供给。实施首贷户拓展专项行动,全国首创首贷户统计监测系统,定期更新全省无贷户企业名单,按月监测、按季通报,引导金融机构精准对接。2020年以来,全省累计超45万户从未获得过银行贷款的民营企业首次获得信贷支持。组织"万家民企评银行"活动,超1万家民营企业填写调查问卷,评选出100家年度"民营企业最满意银行",以外部评价营造金融服务争优的良好氛围。

四、强化科技赋能,提升金融服务民营经济质效。首创"贷款码"融资模式,通过金融科技手段帮助市场主体通过"扫一扫"线上提交融资需求。"贷款码"上线以来,截至2023年底,全省累计46.7万家市场主体通过扫码获得融资1.4万亿元。"贷款码"入选浙江省共同富裕示范区最佳实践名单。

五、拓宽直接融资渠道,改善民营企业发债融资环境。举办民营企业发债推进会、政策调研座谈会,开展多层次政策宣传和市场引导,指导金融机构加大民营企业债券融资支持力度。积极运用"第二支箭",支持优质民营企业在银行间市场发债融资,2023年全省民营企业发行债务融资工具603亿元。

(二)证券业运行总体平稳,证券市场融资稳步推进

2023年,浙江省证券机构体系不断完善,证券市场融资稳步推进,证券、期货经营保持平稳,风险总体可控。2023年浙江省证券业基本情况如表1-3所示。

表1-3　2023年浙江省证券业基本情况

项目	数量
总部设在辖内的证券公司数/家	6
总部设在辖内的基金公司数/家	3
总部设在辖内的期货公司数/家	12
年末国内上市公司数/家	702
当年国内股票(A股)筹资/亿元	1739
当年发行H股筹资/亿元	—
当年国内债券筹资/亿元	—
其中:短期融资券筹资额/亿元	—
中期票据筹资额/亿元	—

注:当年国内股票(A股)筹资指非金融企业境内股票融资。

数据来源:中国证券监督管理委员会浙江监管局、宁波监管局。

1.证券机构体系不断完善。截至2023年末,浙江省共有法人证券公司6家,公募基金管理公司3家;证券公司分公司148家,证券营业部1023家,证券投资咨询机构4家;期货公司12家,期货公司分公司79家,期货营业部196家。

2.证券机构经营总体平稳。2023年,浙江省证券经营机构累计代理交易额71.2万亿元,同比下降0.6%;利润总额22亿元,同比下降31.8%。浙江省法人证券公司实现营业收入115亿元,同比增长29.2%;实现利润总额41亿元,同比增长57.7%。法人证券公司核心监管指标满足监管要求,经营

稳健性水平良好。

3.期货机构盈利小幅回升。2023年,浙江省期货经营机构累计代理交易额86.2万亿元,同比下降4.3%;实现利润总额14亿元,同比增长3.1%。浙江省期货公司实现营业收入41亿元,同比增长5.1%;实现利润总额15亿元,同比增长7.1%。

4.证券市场融资稳步推进。2023年,浙江省境内上市公司新增融资1739亿元,其中,主板新增融资1148亿元,创业板新增融资319亿元,科创板新增融资256亿元,北交所新增融资16亿元。2023年,浙江省境内共发行公司债661只,发行规模5509亿元。

(三)保险业务平稳增长,行业转型不断深化

2023年,浙江省保险业运行总体平稳,保费增速有所回升,行业改革持续推进。2023年浙江省保险业基本情况如表1-4所示。

表1-4　2023年浙江省保险业基本情况

项目	数量
总部设在辖内的保险公司数/家	5
其中:财产险经营主体/家	3
寿险经营主体/家	2
保险公司省级分公司/家	145
其中:财产险公司省级分公司/家	69
寿险公司省级分公司/家	76
保费收入(中外资)/亿元	3554
其中:财产险保费收入(中外资)/亿元	1079
人身险保费收入(中外资)/亿元	2475
各类赔款给付(中外资)/亿元	1269

数据来源:国家金融监督管理总局浙江监管局、宁波监管局。

1.保险机构体系不断完善。截至2023年末,浙江省共有保险总公司5家,农村保险互助社3家,省级分公司145家。2023年末,保险公司资产合计9352亿元,比年初增加1021亿元。

2.保费收入增速有所回升。2023年,浙江省保险业共实现原保费收入3554亿元,同比增长13.6%,增速比上年提高4.2个百分点。其中,财产险保费收入和人身险保费收入同比分别增长6.8%和16.8%。保险业赔付支出

1269亿元,同比增长18.0%。

3.行业改革创新进一步深化。2023年,浙江省人身险公司普通寿险保费收入1400亿元,同比增长38.6%,高于人身险保费收入增速21.8个百分点,人身险保障功能进一步凸显。财产险公司非车险保费收入516亿元,同比增长11.9%,高于车险保费收入增速8.8个百分点,财产险行业转型进一步深化。截至2023年末,浙江省有地方特色农业险种共计120余个,是全国农险险种最多的省份之一。2023年浙江省保险业为农户提供风险保障620亿元,同比增长12.8%,保险业服务保障功能进一步得到发挥。

(四)社会融资规模较快增长,金融市场稳健运行

1.社会融资规模增量创历史新高。2023年,浙江省社会融资规模增量为3.7万亿元。从结构看,贷款成为主要增长动力。人民币贷款和外币贷款共增加2.7万亿元,占社会融资规模增量比重为72.97%。直接融资(含企业债券和股票)增加5168亿元,占社会融资规模增量比重为13.9%。其中,企业债券增加4048亿元,非金融企业境内股票融资增加1120亿元。政府债券融资增加2718亿元。表外融资(含委托贷款、信托贷款和未贴现银行承兑汇票)增加1170亿元(见图1-2)。

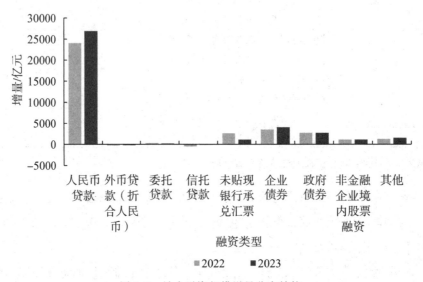

图1-2　社会融资规模增量分布结构

数据来源:中国人民银行浙江省分行。

2.结构性货币政策工具实施成效显著。推动各项结构性货币政策工具在浙江精准高效落地,有效强化重点领域金融支持。截至2023年末,浙江省科技创新再贷款累计落地金额居全国前列。在碳减排支持工具撬动下,浙江省内金融机构累计发放碳减排贷款470亿元,带动碳减排约701万吨。用好交通物流专项再贷款,把握普惠养老专项再贷款试点契机,支持交通物流、普惠养老等领域发展。运用支农支小再贷款、再贴现、普惠小微贷款支持工具激励资金带动全省地方法人银行累计新增普惠小微贷款8896亿元。

3.企业债券融资平稳推进。2023年,浙江省非金融企业债务融资工具发行5304亿元。其中,民营企业债务融资工具发行603亿元,债券融资支持工具项目落地12个。

4.银行间债券市场总体运行平稳。2023年,浙江省金融机构参与银行间债券市场债券回购交易累计137.7万亿元,同比增长15.1%;现券交易累计33.6万亿元,同比增长24.0%。2023年,现券到期加权平均利率2.76%,与上年基本持平。

5.票据业务平稳增长。2023年末,浙江省金融机构银行承兑汇票承兑余额2.2万亿元,同比增长11.1%;银行承兑汇票贴现余额8466.4亿元,同比增长12.0%(见表1-5)。2023年第四季度,浙江省银行承兑汇票直贴加权平均利率1.29%,同比下降0.24个百分点(见表1-6)。

表1-5 2023年金融机构票据业务量统计

单位:亿元

| 季度 | 银行承兑汇票承兑 | | 贴现 | | | |
| | | | 银行承兑汇票 | | 商业承兑汇票 | |
	余额	累计发生额	余额	累计发生额	余额	累计发生额
1	19536.8	6255.6	7255.3	17419.4	1216.6	4248.4
2	20412.0	14887.9	7848.2	38637.8	1324.7	8231.5
3	22250.4	25168.5	8651.3	63073.1	1312.3	13348.7
4	22347.9	37440.9	8466.4	88589.1	1234.6	21156.7

备注:累计发生额指当年累计发生额。

数据来源:中国人民银行浙江省分行。

表1-6　2023年金融机构票据贴现、转贴现利率统计

单位:%

季度	贴现		转贴现	
	银行承兑汇票	商业承兑汇票	票据买断	票据回购
1	2.38	3.32	2.08	1.90
2	1.92	3.10	1.79	1.68
3	1.45	3.07	1.41	1.75
4	1.29	2.98	1.30	1.98

数据来源:中国人民银行浙江省分行。

(五)区域金融改革持续深化,助力高质量发展

1.科创金融改革稳步推进。指导杭州市、嘉兴市及时出台科创金融改革试验区实施方案,并制定财政奖补、风险补偿、保费补贴等配套支持政策。支持杭州银行、嘉兴银行通过选择权贷款、成立孪生投资公司等方式探索外部投贷联动。推进科创金融专营机构建设,杭州市认定授牌两批共21家科创金融专营机构,嘉兴市揭牌设立11家科创金融专营机构。指导之江实验室、杭州银行、嘉兴银行等市场主体开展《科创企业认定与评价指南》《科创金融专营机构评价规范标准》两项省级团体标准研制。

2.普惠金融改革深入推进。全面推动丽水普惠金融服务乡村振兴改革,指导丽水市深化金融支持生态产品价值实现机制创新,取得"林业碳汇贷""取水贷""不动产＋生态价值"融资服务模式等成果;建设"两小"(小超市、小宾馆)创业通平台,满足"两小"产业金融需求。2023年末,丽水市涉农贷款余额同比增长29.2%。指导宁波市持续深化数字普惠金融创新,迭代升级普惠金融信用信息服务平台,推动金融机构加速数字化转型,引导资金精准支持小微企业。2023年末,宁波市普惠小微贷款余额同比增长32.9%。

3.绿色金融、转型金融创新推进。深化标准体系建设,推动《银行个人客户碳账户服务指南》《银行业金融机构ESG评价管理》等金融标准通过全国金融标准化技术委员会立项。强化绿色金融政策支撑,出台金融支持减污降碳协同指导意见,发布26个标杆项目。开展转型金融落地实践"五个一"[①]行动,指导湖州市、衢州市分别围绕纺织业和化工行业深化转型金融探

---

① 确立一个试点行业、制定一项标准、创新一款产品、出台一项支持政策、探索建立一套转型金融信息披露机制。

索,创新碳效挂钩信贷产品。有序推进金融机构环境信息披露,已实现浙江省225家金融机构环境信息披露全覆盖。

（六）社会信用体系建设纵深推进,支付服务优化升级

1.金融信用信息基础数据库服务效能显著提升。持续完善金融信用信息基础数据库建设,深化系统数据质量管理。截至2023年末,浙江省共有274家放贷机构接入系统,各地公积金管理中心接入工作稳妥推进,系统覆盖范围不断扩大。深入推进征信服务网点标准化建设,不断丰富信用报告查询方式,优化查询渠道建设,2023年共向社会公众提供信用报告查询579万次,征信服务品质不断提升。

2.征信和评级市场产品服务供给不断丰富。积极培育征信机构和信用评级机构,更好满足多元化市场需求。截至2023年末,浙江省16家备案企业征信机构和信用评级机构共对外提供征信产品和服务22.4亿次。持续优化浙江省企业信用信息服务平台,实现省平台和长三角征信链对接,截至2023年末,省市平台共覆盖全省360余万户企业信用信息,累计提供查询4056万余次。推广应用长三角征信链,促进信用信息跨地区、跨领域共享,截至2023年末,依托征信链信息协助5.8万户企业获得信贷支持4953亿元。

3.地方信用体系和信用环境建设持续深化。发挥应收账款融资服务平台和动产融资统一登记公示系统功能,2023年在平台新增融资2918亿元、在系统新增登记46.3万笔。持续深化农村信用体系建设,截至2023年末,浙江省累计为1292万户农户、13.8万个新型农业经营主体建立信用档案。积极开展《征信业管理条例》实施十周年、警惕征信修复"黑灰产"等专题宣传教育活动,营造公平、公正的市场环境,助力形成良好的信用氛围。

4.支付体系安全稳定运行。严格支付清算系统业务连续性管理,实现支付系统安全稳定运行。2023年,浙江省支付清算系统共处理业务23亿笔、金额874.3万亿元,同比分别增长3.2％、16.7％。实施"数字支付之省"建设,着力推动移动支付、数字人民币、生物识别支付等数字支付应用,全省数字支付交易规模超100万亿元,移动支付普及率达97％,银行业移动支付交易市场份额提高至24.9％。全面推进本外币合一银行账户体系试点,累计开立试点账户17.4万户,办理人民币资金收付25.2万亿元,外币资金收付

1100.5亿美元。推动落实小微企业和个体工商户支付手续费降费政策，2023年减免支付手续费17.7亿元。

5.杭州亚运会金融服务保障任务圆满完成。在赛事侧、城市侧两大场景,构建起以外卡受理、移动支付、现钞支付、数字人民币四项服务为重点,以赛时指挥、保障团队、应急管理三项机制为支撑的"2＋4＋3"金融服务体系。赛事期间为境外人员提供支付服务65.1万笔、金额4.0亿元,实现了"零投诉、零舆情、系统零中断"的目标。

二、经济运行情况

2023年,浙江省坚持以习近平新时代中国特色社会主义思想为指导,全面贯彻党的二十大精神,深入贯彻落实习近平总书记考察浙江重要讲话精神,持续推动"八八战略"走深走实,统筹推进三个"一号工程",大力实施"十项重大工程",精准高效推动"8＋4"政策兑现、直达快享,有力推动经济稳进向好、社会安定有序。经济总量稳步扩大,全年实现地区生产总值8.3万亿元,同比增长6.0%(见图1-3),增速高于全国平均水平0.8个百分点。分产业看,第一产业、第二产业、第三产业增加值占地区生产总值比重分别为2.8%、41.1%和56.1%。

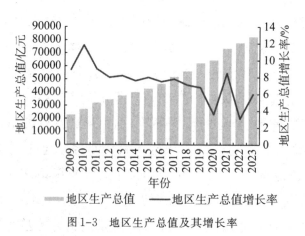

图1-3 地区生产总值及其增长率

数据来源:浙江省统计局。

(一)三大需求稳中提质,新发展格局加快形成

2023年,浙江省持续深化改革开放,有力提振市场信心、激发发展活力。投资稳定增长,消费加快恢复,出口保持韧性,新发展格局加快形成,经济循环进一步畅通。

1.投资规模扩大,重点领域增势较好。2023年,浙江省固定资产投资(不含农户)同比增长6.1%(见图1-4),高于全国平均水平3.1个百分点。其中,制造业投资、房地产开发投资同比分别增长14.1%、2.0%,分别高于全国平均水平7.6个和11.6个百分点;基础设施投资同比增长3.9%。重点产业投资快速增长,数字经济核心产业和高新技术产业投资同比分别增长36.9%和21.1%,增速均明显高于全部投资。

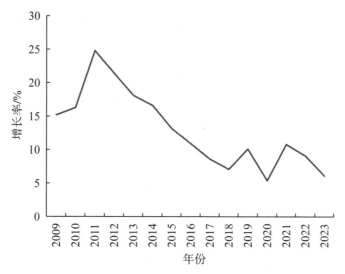

图1-4 固定资产投资(不含农户)增长率

数据来源:浙江省统计局。

2.消费潜力持续释放,网络消费加快恢复。2023年,浙江省社会消费品零售总额3.3万亿元,同比增长6.8%(见图1-5),增速比上年提高2.5个百分点。按经营单位所在地分,城镇、乡村消费品零售额同比分别增长7.0%、5.8%。按消费形态分,商品零售额、餐饮收入同比分别增长5.9%、14.9%。网络消费保持较快增长。2023年,浙江省网络零售额同比增长13.3%,增速比上年提高6.1个百分点。

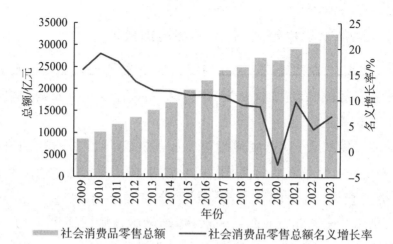

图1-5　社会消费品零售总额及其增长率

数据来源：浙江省统计局。

3.对外贸易保持韧性,利用外资稳步增长。2023年,浙江省进出口总额、出口总额、进口总额分别为4.9万亿元、3.6万亿元和1.3万亿元,同比分别增长4.6%、3.9%和6.7%。出口商品结构持续优化,机电产品出口同比增长6.2%,增速高于全国同类产品3.3个百分点。跨境电商、市场采购贸易等新业态、新模式较快发展。2023年,浙江省实际使用外资202亿美元,同比增长4.8%(见图1-6)。

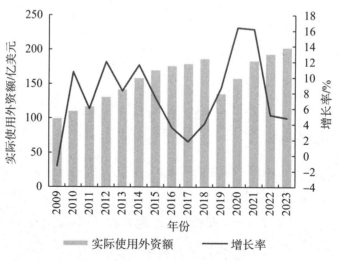

图1-6　实际利用外资额及其增长率

数据来源：浙江省统计局。

专栏2：以新动能激发新活力　助力浙江稳外资稳外贸

2023年，面对复杂严峻的外部环境，中国人民银行浙江省分行、国家外汇管理局浙江省分局全面践行金融工作的政治性和人民性，持续提升跨境贸易和投融资便利化水平，助力浙江外资外贸稳步增长。2023年，浙江省进出口总额同比增长4.6%、实际使用外资同比增长4.8%。

一、抢抓机遇，成功落地高水平开放试点。推动浙江入围跨境贸易投资高水平开放全国六省试点，争取到便利经常项目外汇资金收付等五项经常项目试点业务，以及外商投资企业境内再投资免予登记等三项资本项目试点业务，以高水平开放促进高质量发展。推进全国首批银行外汇展业试点，提前三个月通过验收。

二、紧扣实需，着力提高跨境贸易便利化水平。扩大优质企业贸易外汇收支便利化覆盖面，推动更多中小银行参与，为更多专精特新"小巨人"企业简流程、降成本。截至2023年末，全省试点银行和企业分别达43家、4748家，试点企业数量居全国前列。激发贸易新业态成长活力，便利市场采购商户累计收汇1929亿美元，支持更多银行和支付机构为跨境电商等新业态主体贸易结算提供便利，2023年全省跨境电商业务同比增长30.3%。

三、拓宽渠道，不断提升跨境投融资效率。便利高新技术和"专精特新"中小企业跨境融资，融资规模累计一亿多美元，缓解了"轻资产、高成长"科创企业的融资需求。持续推动跨国公司跨境资金集中运营管理，促进跨国公司发展总部经济、提升资金使用效率。截至2023年末，全省共有160余家跨国公司开展跨境资金池业务，其中，七家特大型跨国公司参与本外币一体化资金池试点。

四、突破难点，持续完善企业汇率风险管理。通过"汇及万家"系列宣传、"外汇联络员"指导、"优秀案例"编发，帮助企业建立行之有效的汇率风险管理机制。加大对中小微企业的支持和服务力度，推动浙江省政府将汇率避险担保增信比例提升至8%，进一步降低企业成本。2023年企业汇率避险规模达440亿美元，小微企业套保比例接近30%，担保政策为企业节约资金占用成本超11亿元。

五、科技赋能，打造智慧外汇管理应用生态。大力推广跨境金融服务平台应用场景,新增"出口应收账款融资""企业跨境信用信息授权查证""出口信保保单融资""银企融资对接"等,助力中小微企业跨境融资及结算提质降本增效。截至2023年末,跨境平台累计助力以中小微企业为主的一万多家企业获得融资近400亿美元。

(二)三次产业稳步提升,高质量发展迈出坚实步伐

2023年,浙江省农业生产形势稳定,工业经济支撑有力,服务业动力强劲。三次产业结构由2022年的2.8:42.2:55.0调整为2.8:41.1:56.1,第二产业、第三产业比重分别比全国高2.8个和1.5个百分点。

1.农业生产基本稳定,"千万工程"助力乡村振兴。2023年,浙江省农林牧渔业增加值同比增长4.2%,增速比上年提高0.9个百分点。粮食、水果、水产品、猪牛羊禽肉类产量同比分别增长2.9%、4.1%、4.8%、10.5%。实施县城承载能力提升和深化"千村示范、万村整治"工程,建成和美乡村示范村292个,建设高标准农田85.3万亩。

2.工业经济支撑有力,产业升级加快推进。2023年,浙江省规模以上工业增加值2.2万亿元,同比增长6.0%(见图1-7),增速高于全国平均水平1.4个百分点。创新活力持续提升,全年数字经济核心产业增加值同比增长10.1%,增速比地区生产总值增速高4.1个百分点。规模以上工业中,装备制造业、高新技术产业、战略性新兴产业增加值同比分别增长9.4%、7.0%和6.3%,占规模以上工业增加值的比重分别为46.2%、67.1%和33.3%,占比均高于上年。

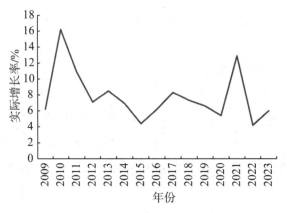

图1-7　规模以上工业增加值实际增长率

数据来源:浙江省统计局。

3.服务业加快恢复,现代服务业增势强劲。2023年,浙江省服务业增加值同比增长6.7%,高于全国平均水平0.9个百分点。其中,信息传输软件和信息技术服务业增加值、租赁和商务服务业增加值、金融业增加值同比分别增长11.5%、11.2%和9.5%。

4.供给侧结构性改革加快推进,现代化产业体系建设取得积极进展。以实施数字经济创新提质"一号发展工程"为牵引,实施"415X"先进制造业集群培育工程,规模以上工业企业数字化改造覆盖率达75%以上。加强企业梯队建设,新增上市公司65家、专精特新"小巨人"企业384家。

5.节能降耗持续推进,绿色发展水平有效提升。浙江省持续提高生态环境质量,加强生态保护和修复,促进发展方式绿色转型。2023年,浙江省实施绿色低碳发展和能源保供稳价工程,新增电力装机1198万千瓦,单位生产总值能耗同比下降3.3%以上,国控断面Ⅲ类以上水质比例达97.5%,设区城市PM2.5平均浓度为25.9微克/立方米,"蓝色循环"海洋塑料废弃物治理模式获联合国地球卫士奖。

(三)居民消费价格总体平稳,工业生产者价格低位运行

1.消费品及服务价格小幅上涨,猪肉价格较为低迷。2023年,浙江省居民消费价格指数(CPI)同比上涨0.3%(见图1-8),涨幅较上年回落1.9个百分点。八大类消费品及服务价格同比"六升二降"。其中,其他用品及服务、教育文化娱乐、衣着、医疗保健、食品烟酒、生活用品及服务类价格同比分别上涨3.6%、2.8%、1.0%、1.0%、0.6%和0.4%;居住、交通通信类价格同比分别下降0.4%和2.1%。因生猪市场供给相对充裕,全年猪肉价格同比下降10.4%;受整体气温偏高影响,蔬菜供应重叠期延长,鲜菜价格同比下降1.2%。

2.工业生产者价格低位运行,生产资料价格同比下降。2023年,受国际大宗商品价格下行、部分工业品需求不足及上年基数较高等因素影响,浙江省工业生产者价格指数整体低位运行,其中,工业生产者出厂价格指数(PPI)和购进价格指数(IPI)同比分别下降2.7%和5.2%(见图1-8)。工业生产者出厂价格中,生产资料价格同比下降3.6%,生活资料价格同比上涨0.3%。

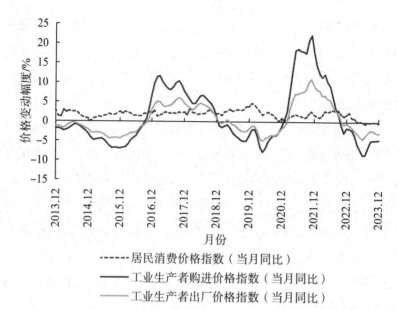

图1-8　居民消费价格和生产者价格变动趋势
数据来源:浙江省统计局。

3.协调发展稳步推进,城乡收入差距缩小。2023年,浙江省规模以上工业平均用工人数746万人,同比下降0.9%。规模以上服务业期末用工人数369万人,同比增长1.8%;应付职工薪酬5272亿元,同比增长3.7%。城乡协调发展稳步推进,收入倍差持续缩小。2023年,浙江省全体居民人均可支配收入63830元,同比增长5.9%,增速比上年提高1.1个百分点。城镇、农村居民人均可支配收入分别为74997元和40311元,同比分别增长5.2%和7.3%。城乡居民人均收入倍差1.86,比上年缩小0.04,已连续11年缩小。

(四)财政收入平稳增长,民生等重点领域支出保障有力

1.财政收入保持增长。2023年,浙江省一般公共预算收入8600亿元,同比增长7.0%。其中,税收收入7124亿元,同比增长7.6%;非税收入1476亿元,同比增长4.0%。

2.财政支出保障有力。2023年,浙江省一般公共预算支出1.2万亿元,同比增长2.8%。民生等重点领域支出保障有力,公共安全、教育、科学技术等十项支出[①]9327亿元,同比增长3.9%,占一般公共预算支出的比重为75.5%。

---

① 　包含公共安全、教育、科学技术、文化体育旅游与传媒、社会保障和就业、卫生健康、节能环保、城乡社区、农林水、住房保障等十项支出。

3.地方政府债券发行平稳。2023年,浙江省共发行地方政府债券4548亿元,同比增加269亿元。其中,发行新增债券2940亿元。截至2023年末,浙江省地方政府债务余额2.3万亿元。

(五)房地产市场运行总体平稳,区域分化较为明显

1.房地产开发投资保持平稳增长。2023年,浙江省房地产开发投资1.3万亿元,同比增长2.0%,总体保持平稳增长态势。其中,商品住宅投资同比增长1.0%,拉动房地产开发投资增长0.7个百分点。

2.房屋施工面积略有下降。2023年,浙江省房屋施工面积5.6亿平方米,同比下降0.6%,其中,商品房施工面积同比下降2.9%(见图1-9)。房屋新开工面积同比下降5.6%,其中,商品房新开工面积同比下降7.2%。

3.商品房销售面积和销售额回落。2023年,浙江省商品房销售面积6106万平方米,同比下降10.2%;商品房销售额同比下降9.0%(见图1-9)。

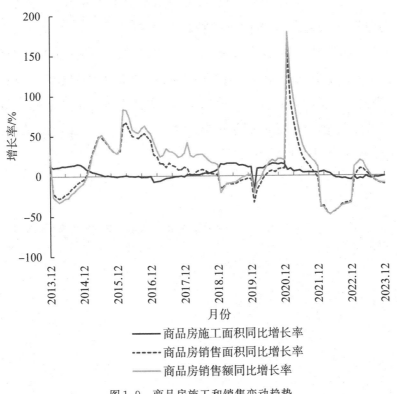

图1-9　商品房施工和销售变动趋势

数据来源:浙江省统计局。

4.商品住宅销售价格分化。国家统计局发布的70个大中城市房价指数显示,2023年12月,杭州、宁波新建商品住宅销售价格指数同比分别上涨2.2％、1.2％,温州、金华新建商品住宅销售价格指数同比分别下降3.0％、4.0％。2023年12月,杭州、宁波、温州、金华二手住宅销售价格指数同比分别下降2.1％、4.7％、5.6％、4.8％。

5.房地产信贷总体稳定。2023年末,浙江省房地产开发贷款余额1.1万亿元,同比增长1.5％。

三、发展展望

浙江省将坚持以习近平新时代中国特色社会主义思想为指导,深入贯彻习近平总书记重要讲话、重要指示批示精神,紧扣"勇当先行者、谱写新篇章"新定位新使命,持续推动"八八战略"走深走实,扎实推进共同富裕示范区建设,以三个"一号工程"为总牵引,深入实施"十项重大工程",迭代升级"8＋4"经济政策体系,使经济运行持续回升向好。

浙江金融系统将全面贯彻党的二十大和党的二十届三中全会精神、中央经济工作会议和中央金融工作会议精神,按照中国人民银行和浙江省委、省政府部署要求,聚焦科技金融、绿色金融、普惠金融、养老金融和数字金融"五篇大文章",优化金融服务,防范化解金融风险,推进金融改革创新,为浙江高质量发展提供有力的金融支撑。

（本报告由中国人民银行浙江省分行提供）

第二章　2023年度浙江省银行业发展报告

2023年,面对复杂多变的经济金融环境,浙江银行业以更加稳健的力度和节奏,推动资产规模实现较快增长,在保持信贷总量合理充裕的同时,着力优化信贷结构、降低融资成本、提升服务效率,全力支持浙江金融强省建设和经济高质量发展。

一、2023年度浙江银行业运行总体状况

浙江银行业组织体系健全。截至2023年末,全省共有银行业法人机构201家(含浙商银行)。其中,股份制银行1家、城商行13家、民营银行2家、农村金融机构161家、财务公司10家、信托公司5家、金融租赁公司4家、汽车金融公司1家、消费金融公司2家、理财子公司2家;一级分行178个,二级分行178个,支行及支行以下营业网点1.3万个,从业人员共28.3万人。

2023年末,全省银行业总资产、总负债规模分别达到29.1万亿元和27.9万亿元,较年初分别增加3.7万亿元和3.6万亿元,同比增长14.49%和14.59%。总体来看,浙江银行业资产、负债的整体规模继续实现稳步增长。

(一)存贷款平稳较快增长

各项存款增速小幅回落,2023年末,全省各项存款余额达22.1万亿元,比年初新增2.4万亿元,同比增速为12.43%,较2022年同期回落2.51个百分点。自2017年以来,浙江存款增速持续高于全国平均水平,占全国各项存款比重稳步上升,2023年末占比达到8.4%。各项贷款保持较快增长,2023年末全省各项贷款余额达到21.7万亿元,较年初新增2.7万亿元,同比增速达14.20%。自2018年以来,浙江贷款增速持续高于全国平均水平,占

全国各项贷款比重稳步上升,2023年末占比达到9.0%,较2018年末提高1.5个百分点。从沿海五省市比较看,浙江省贷款增速位居前列,2023年末,全省各项贷款余额在全国排名第二,贷款增速在沿海五省市中排名第二,全省各项贷款新增额在全国排名第二。

(二)不良贷款率逐季下行,银行资产质量整体稳健

浙江银行业资产质量继续维持在较好水平。2023年末全省银行业不良贷款率为0.62%,呈现逐季改善态势。2023年,全省银行业不良贷款处置总额1296亿元。在不良贷款减少的同时,浙江银行业潜在风险总体可控。2023年末,全省银行业关注类贷款占比为0.86%,处于历史低位,表明银行业贷款向下迁移为不良贷款的规模相对可控,也说明在加大不良认定背景下,浙江银行业整体资产质量维持在较好状态。

(三)风险抵补能力加强,拨备覆盖率维持高位

2023年,在经济增长仍然疲软的背景下,浙江银行业继续保持审慎的拨备计提政策,继续增加贷款损失准备,以应对未来潜在风险。2023年末,浙江银行业贷款损失准备余额达到5270亿元,同比增长10.81%,维持在较高水平;拨备覆盖率为390.57%,始终高于全国平均水平;贷款拨备率2.43%,较年初小幅回落0.07个百分点。整体来看,拨备覆盖率连续上升,商业银行风险资产的"安全垫"增厚,浙江银行业整体风险抵补能力持续加强,具备应对风险的充足缓冲能力。

(四)重点领域保障有力

2023年,浙江银行业结合自身发展转型需要,在贷款规模持续扩张的同时,更加聚焦国民经济和社会发展重点领域的信贷投放,科技创新、制造业、绿色发展、普惠小微等重大战略、重点领域和薄弱环节贷款增长较快。制造业贷款稳步增长,2023年末,全省制造业贷款余额4.5万亿元,同比增长16.09%。其中,制造业中长期贷款余额为2.0万亿元,同比增长31.02%;高技术制造业贷款余额4255亿元,同比增长26.05%。普惠小微贷款量增价降,2023年末,全省普惠型小微贷款余额4.8万亿元,同比增长23.20%;贷

款利率5.34％,较年初下降0.48个百分点,已处于较低水平。绿色信贷高速增长,全省绿色信贷余额3.2万亿元,自2021年6月以来已连续11个季度保持40％以上的同比增长率。科技企业贷款量增面扩,截至2023年末,辖内银行共服务科技型企业超9万户,贷款余额1.48万亿元,同比增长37.55％。

(五)金融服务社会民生能力不断提升

建立金融支持共同富裕示范区重点项目、重点任务清单,推动优化山区海岛县"一县一策",助力金融支持共同富裕示范区建设。立足浙江数字化改革优势,推动金融服务线上化、数字化,迭代升级浙江省金融综合服务平台,打通59个政府部门的公共数据,支持金融机构调用数据超4亿次,依托平台改革融资服务流程,缩短办理链条,提升金融服务效率。建设"浙里快处"等10余项应用场景,累计支持交易9.5万亿元,遥遥领先于全国同类平台,"一次不跑、又快又好"相关经验做法得到省政府领导充分肯定,并纳入2024年浙江省政府工作报告。推进矛盾多元化解机制建设,联合浙江省高院推进金融"共享法庭"建设,一站集成调解指导、网上立案、在线诉讼、协助执行、普法宣传、基层治理等司法服务功能,让消费者就近就地解决纠纷。辖内设立金融"共享法庭"424家,运用金融"共享法庭"开展调解等纠纷化解服务3.6万余次。

二、浙江省银行业发展展望

浙江提出"经济大省要勇挑大梁、为全国大局多作贡献"的要求,金融是重要的推动力、保障力。2024年,浙江银行业将持续深入贯彻习近平总书记考察浙江重要讲话精神,围绕省委、省政府三个"一号工程"、十项重大工程决策部署,按照"稳中求进、以进促稳、先立后破"工作要求,既加强对重大战略、重点领域和薄弱环节的优质金融服务,也保障传统产业转型升级、房地产企业等合理融资需求,进一步发挥好金融要素保障功能。

(一)助力经济高质量发展,努力做好"五篇大文章"

一是在科技金融领域,推动银行保险机构聚焦科技成果转化和产业化、科技型中小企业等重点领域,创新金融产品和服务。对接杭州、嘉兴科创金融改革试验区建设。推动知识产权质押融资增量扩面，深化知识产权质押融资内评试点。完善科技保险产品体系。推动银行保险机构加强与省科创母基金等各级科创基金合作，在投早、投小、投硬科技上形成合力。二是在绿色金融领域，聚焦"双碳"目标，推动银行保险机构完善绿色金融体制机制建设。大力支持清洁能源项目，发展清洁能源产业链供应链金融服务。拓展绿色信息共享应用，推广"碳效贷"等产品服务。加强ESG（环境、社会、治理）、绿色产业、绿色生活等领域保险供给。支持湖州、衢州创建绿色金融改革创新示范区，支持丽水建设全国领先的气候投融资体系。三是在普惠金融领域，持续优化个体工商户金融服务。优化山区海岛县"一县一策"差异化金融支持政策。深化新市民群体金融服务，推动机构落实新市民金融服务承诺。推动慈善信托稳步增长。四是在养老金融领域，协同推进健康、养老和护理等领域的集成改革，加快推动个人养老金制度试点，深化推进专属商业养老保险。鼓励银行保险机构优化养老金融产品体系，开展养老金融知识普及教育，向社会公众推广"三支柱"养老理念。同时，以"浙里惠民保"为抓手，全面促进商业健康保险发展。探索惠民型商业护理保险，迭代商业护理保险产品。五是在数字金融领域，大力支持数字产业化与产业数字化。鼓励有条件的银行机构适度前移金融服务，全方位支持企业发展。探索专项用于企业数字化改造的技术改造贷款。推进浙江银行业保险业数字化转型纵深发展。迭代升级省金融综合服务平台建设，加强金综平台"带押过户""浙里快处"等多跨协同场景建设。

（二）持续深化金融改革，增强改革内生动力

要实现加快建设"金融强国"这一目标，推动金融高质量发展是主题，深化金融供给侧结构性改革则为主线。下一步，浙江银行业将积极支持杭州和嘉兴的科创金融、湖州转型金融、舟山大宗商品配置枢纽等改革，先行探索与科技创新、转型发展、大宗商品贸易等更加适配的金融服务模式。积极参与浙江省建设全国统一大市场协调机制，深化保险（保函）替代保证金制度，助力营商环境优化提升。以浙江省金融综合服务平台建设和行业指导为抓手，推动银行业保险业数字化转型纵深发展，推进融资服务线上化、科技化，努力实现"一次不跑、又快又好"。

（三）着力提升金融风险防范化解能力，保持区域金融稳定运行

"防范化解金融风险"是中央金融工作会议的主题之一。下一步，浙江银行业将强化金融监管协同，以更加积极主动的态度应对各类风险隐患，推动落实金融监管"横向到边、纵向到底"。进一步落实信用风险防控长效机制，加强对风险苗头的识别化解，真实准确反映不良贷款，加大不良处置力度，有效应对风险反弹。提升大型企业风险防控质效。持续做好保交房工作，加大对保障性租赁住房的支持力度，积极探索配套房地产新发展模式的金融服务路径。

（本报告由国家金融监督管理总局浙江监管局提供）

第三章 2023年度浙江省证券业发展报告

一、浙江省资本市场发展概况

（一）企业上市取得新进展，发展质量进一步提高

2023年,全省新增IPO境内上市公司47家,占全国新增IPO总数的15.02%,位居全国第三;净增加境内上市公司45家①。截至2023年底,全省有境内上市公司702家,位居全国第二;全省新三板挂牌企业593家,位居全国第四;浙江省股权交易中心挂牌展示企业13844家(见表3-1)。全省有境内拟上市企业403家,其中辅导期企业287家,已报会在审核企业111家,已过会待发行企业②5家。

表3-1　2023年浙江境内上市挂牌企业基本情况

单位:家

指标名称	2023年新增数	2023年末数
境内上市公司	45	702
其中:主板	12	456
创业板	17	173
科创板	5	48
北交所	11	25
新三板挂牌企业	−15	593
浙江省股权交易中心挂牌展示企业	700	13844

---

① 2023年1—12月,全省净增加上市公司45家,其中IPO新增47家,仁东控股、罗欣药业、莱茵体育迁出,减少3家,*ST宋都、*ST嘉凯退市,减少2家,新亚制程、爱康科技、信息发展迁入,增加3家。

② 已过会待发行企业是指通过证监会发审委审核或注册生效的企业。

(二)股债融资持续活跃,融资渠道进一步拓展

2023年,全省境内上市公司实现股权融资总额1233.53亿元,实施并购重组206次,涉及金额343.79亿元。全年发行公司债券共635只,融资总额5311.75亿元。全年新增股债融资总额7125.96亿元,其中新发可转债融资196.98亿元;新发ABS募资373.3亿元;新增2单不动产投资信托基金(REITs)发行,募集资金57.64亿元(见表3-2)。

表3-2　2023年浙江资本市场直接融资情况

指标名称	2023年新增数/亿元	同比增长/%
境内上市公司股权融资	1233.53	−0.62
其中:首发融资	441.4	−12.01
配股融资	97.56	12.84
增发融资	694.57	6.35
可转债、公司债和交易所ABS融资	5882.03	39.26
新三板融资额	10.29	−54.00
REITs融资	57.64	310.54

(三)证券基金行业健康发展,综合竞争力显著提升

截至2023年底,全省有证券公司4家,证券资产管理公司2家,证券公司分公司148家,证券营业部1023家,证券投资咨询机构4家,基金管理公司3家[①](见表3-3);全省证券投资者开户数2610.69万户;证券经营机构托管市值5.96万亿元,客户交易结算资金余额1549.33亿元。2023年,全省证券经营机构累计实现代理交易额71.24万亿元、手续费收入107.29亿元、利润总额22.30亿元(见表3-4)。

2023年,全省证券公司深耕浙江,与多个地市政府、国有企业、金融机构深化战略合作,推荐优质企业进入资本市场。证券期货经营机构交易系统平稳运行,保障资本市场交易安全。

---

① 浙商基金注册地在杭州,主要运营地在杭州,由浙江证监局监管;南华基金注册地在金华东阳,主要运营地在杭州,由浙江证监局监管;永赢基金注册地在宁波,主要运营地在上海,由上海证监局监管。因此按机构注册地口径计算,全省有公募基金管理公司3家。下文中公募基金相关数据仅含浙商基金和南华基金。

（四）期货行业开拓创新，期现结合助企富农

截至2023年底，浙江省共有期货公司12家，期货公司分公司79家，期货营业部196家（见表3-3）；全省期货投资者开户数74.66万户，期货经营机构客户保证金余额1385.44亿元。2023年，全省期货经营机构累计实现代理交易额86.15万亿元、手续费收入23.03亿元、利润总额13.75亿元（见表3-4）。

2023年，全省期货公司积极助力大宗商品保供稳价工作，加强农业经营主体服务，推广生猪等农产品"保险＋期货"服务，助力乡村振兴。

（五）私募机构规范发展，管理规模保持平稳

全省私募基金管理机构投融资活跃，在支持企业股权融资、促进创新资本形成、服务居民财富增长等方面继续发挥积极作用。浙江各地政府高度重视私募基金集聚发展、规范发展，持续加强私募基金规范治理和风险防范化解，推动形成良好的金融投资和发展环境。截至2023年底，全省共有2370家私募基金管理人完成登记，发行产品17246只，管理资产规模17572.99亿元，同比减少598.33亿元（见表3-3）。

表3-3　2023年浙江证券期货经营机构基本情况

指标名称	2023年末数
证券公司/家	4
证券资产管理公司/家	2
证券公司分公司/家	148
证券营业部/家	1023
证券投资咨询机构/家	4
基金管理公司/家	3
期货公司/家	12
期货公司分公司/家	79
期货营业部/家	196
已登记私募基金管理人/家	2370
已备案私募基金/只	17246
已备案私募基金管理规模/亿元	17572.99

表3-4 2023年浙江证券期货交易情况

指标名称	2023年	同比增长/%
证券经营机构代理交易金额/亿元	712316.62	−0.63
其中:A、B股交易额/亿元	387608.30	−8.72
基金交易额/亿元	26020.49	24.41
证券经营机构代理交易手续费收入/亿元	107.29	−13.61
证券经营机构利润总额/亿元	22.30	−31.78
证券经营机构托管市值/亿元	59639.36	2.26
证券经营机构客户交易结算资金余额/亿元	1549.33	−15.90
证券投资者开户数/万户	2610.69	8.24
期货经营机构代理交易额/亿元	861528.46	−4.34
期货经营机构代理交易手续费收入/亿元	23.03	−12.80
期货经营机构利润总额/亿元	13.75	3.07
期货经营机构客户保证金余额/亿元	1385.44	−4.31
期货投资者开户数/万户	74.66	6.41

二、浙江省资本市场当前存在的主要问题及风险

(一)上市公司方面

浙江上市公司发展情况总体良好,全年业绩稳步增长,行业状况持续好转;公司继续加大研发投入,创新驱动发展能力进一步增强,高质量发展态势明显。但原料、人工、运输成本大幅上升,企业经营负担加重。原有大股东高比例质押、资金占用、违规担保风险化解进入瓶颈期,上市公司风险化解难度加大。

(二)公司债券方面

近年来,浙江公司债券市场快速发展,公司债存续规模不断扩大。截至2023年末,浙江省共有470家企业存续公司债券1629只,存续规模13488.83亿元,规模较年初增长12.81%。债券兑付规模仍然较大,偿付压力持续攀升,存量违约企业风险出清的进程比较缓慢,必须持续警惕流动性风险和信用风险。

(三)私募基金方面

私募基金在支持中小企业、创新创业企业股权融资方面发挥了重要作

用。但随着经济金融形势的变化,私募行业前期快速发展中隐藏的矛盾和问题集中显现,部分私募机构违法违规募集、管理、使用基金财产的风险持续暴露。2023年,浙江大力开展私募分类整治工作,存量风险产品规模持续压降,但后期风险处置和底层资产变现的难度依然存在。

三、浙江资本市场发展展望

浙江资本市场改革发展将坚持稳中求进、守正创新,统筹发展和安全,以资本市场平稳健康发展助力浙江经济改革发展大局。一是坚持科技创新引领,抓好改革措施落地见效。加强股债融资联动,推动科创公司债券扩量增质,聚焦更多具有成长潜质的创新型企业在科创板、创业板和北交所上市。支持产业链、供应链链主企业和专精特新企业利用资本市场工具做大做强。加快推进优质REITs项目落地,推动REITs常态化发行,以存量资产上市助力新旧动能转换。强化《私募投资基金监督管理条例》的宣传落实,鼓励和引导私募基金"投早投小投科技",进一步畅通"科技—产业—金融"的良性循环。二是支持引导辖区内更多优质企业精准对接多层次资本市场。围绕上市公司"五种能力",推动上市公司规范运作水平和信息披露质量不断提升。同时,发挥好上市公司行业龙头引领作用,引导上市公司强化多元化融资工具运用,推动建立常态化分红、回购机制,引导上市公司开拓创新、不断提高经营管理水平。三是督促引导证券期货机构进一步突出主业,通过差异化发展和专业化经营,更好地发挥资本市场投融资中介功能。引导私募基金管理机构规范健康发展,将更多资金投向国家支持的战略性新兴产业。四是聚焦重点领域,加强央地协同,强化对苗头性问题的前瞻性研判。推动上市公司退市风险出清,加强股权质押、违规减持监管,维护市场秩序。持续巩固私募基金风险防范处置工作成果,严防向涉众涉稳和其他金融领域传导风险。压实证券期货经营机构网络安全主体责任,做好网络安全风险防控和应急处置。

(本报告由中国证监会浙江监管局提供)

第四章　2023年度浙江省保险业发展报告

2023年保险监管持续加强,浙江保险业改革向纵深推进,整体运行回升向好。

一、2023年度浙江保险业运行总体状况

2023年,全省原保险保费收入3553.97亿元,全国排名第四,同比增长13.58%,增速高于上年同期4.16个百分点,高于全国平均水平4.45个百分点。其中,财险公司保费收入1227.09亿元,同比增长6.62%;人身险公司保费收入2326.88亿元,同比增长17.63%。支付各类赔款及给付1269.36亿元,同比增长17.99%。保险作为经济减震器和社会稳定器的功能进一步发挥,全年全省保险业为社会提供风险保障2001.3万亿元,同比增长33.3%。截至2023年末,全省保险公司资产共计9351.72亿元,较年初增长12.25%。

截至2023年末,全省共有各类保险机构3642家,其中,保险总公司5家,农村保险互助社3家,省级分公司134家(财产险公司65家,人身险公司69家),中心支公司480家,支公司1324家,营业部251家,营销服务部1445家。浙江辖内(不含宁波,下同)共有保险专业中介机构212家,其中,专业代理机构131家,经纪机构60家,公估机构21家。保险中介从业人员35.28万人,占全国从业人员的比重为4.33%。

(一)财险市场份额高度集中,险种业务持续分化

头部公司依托产品体系、销售渠道、品牌影响力等方面的绝对优势,仍保持相对稳定的市场份额,头部效应较为明显。车险与非车险业务增速持续分化,全年全省车险业务保费收入711.3亿元,同比增速3.1%,拉动财产

险公司保费增长1.85个百分点。其中,新能源车险业务快速增长,2023年全辖财险业承保新能源车辆168.38万辆,同比增长52.63%,实现签单保费收入73.58亿元,同比增长47.51%;非车险业务保费收入515.8亿元,同比增长11.9%,拉动财产险业务增长4.8个百分点。车险作为财产保险市场的第一大险种的地位虽仍较为稳固,但近年来占比持续下降。2023年车险保费占财险总保费收入比重为58%,较十年前已下降19.6个百分点,较上年末进一步下降2个百分点。

(二)车险综改影响持续深化,非车险业务高质量发展面临挑战

从保费端来看,受车险"二次综改"带动车均保费下行、汽车销售内生动力不足等多重因素综合影响,2023年全省车险保费收入增速明显放缓,同比增速低于财产险总体增速3.5个百分点。从成本端来看,赔付率、费用率"一升一降",车险综合成本率基本保持稳定。截至2023年末,全省车险综合成本率95.56%,较上年末小幅上升0.18个百分点。赔付方面,车险赔付支出阶段性回升明显,2023年全省车险赔付支出504.2亿元,同比增长10.2%;综合赔付率75.63%,较上年末上升1.3个百分点。费用方面,2023年浙江车险业务及管理费用率16.36%,较上年末下降0.74个百分点;车险手续费用率3.92%,较上年末下降0.39个百分点;车险综合费用率19.93%,低于全国平均水平7.87个百分点。非车险业务发展结构较不均衡,增长仍然较为依靠传统业务(如企财险、家财险等)及政策性业务(如惠民型健康险、农业保险等),险种间发展较为不均衡,非车险业务承保利润年度波动较大。保费收入方面,责任保险(占比24.3%)、短期健康险(占比21.2%)、企财险(占比10.3%)为保费收入前三大险种,收入占比合计达56%;承保利润方面,企财险(占比30.4%)、短期健康险(占比23.7%)、保证保险(占比15.4%)为承保利润前三大险种,占比合计达70%,责任保险、船舶保险等险种承保亏损。

(三)人身险业务持续回暖

1—12月,全省人身险公司实现保费收入2326.88亿元,同比增长17.63%。2023年寿险业务保费收入1881.31亿元,同比增长19.75%,增速

较上年大幅上升10.1个百分点。健康险业务保费收入417.05亿元,同比增长10.45%,增速较上年上升2个百分点。2023年意外险保费收入28.52亿元,同比减少3.47%,降幅较上年收窄9.35个百分点。从赔付端来看,全省人身险赔付支出保持较高增速。1—12月,人身险公司累计赔付支出439.26亿元,同比增长21.4%。其中,赔款支出91.25亿元,同比增长21.5%,健康险赔款支出63.96亿元,占比87%;死伤医疗给付72.46亿元,同比增长11.59%;满期给付159.98亿元,同比增长2.15%;年金给付115.57亿元,同比增长77.35%。银保渠道价值贡献占比进一步提升,2023年利率下行趋势不改,存款、理财、基金等吸引力下降,具备稳健收益特性的储蓄性险种产品优势凸显。保险公司加大与银行渠道合作力度,银保渠道保费收入延续上年高增长态势。1—12月,全省银行邮政代理渠道保费收入803.5亿元,同比增长30.93%,较上年进一步上升5.16个百分点,增速高于个人代理渠道20.79个百分点;占保费收入比重达34.5%,较上年进一步上升3.5个百分点。

(四)金融服务社会民生能力不断提升

融入康养集成改革创新,深入推进"浙里惠民保",拓展长期护理保险责任,累计承保2966万人,占基本医保参保人数62.1%。规范发展第三支柱养老保险,承保件数占全国比例超三分之一。支持地方特色农业经济发展,创新推广完全成本类、收入类、指数类保险产品,2023年新开办杭白菊完全成本保险、茭白价格指数保险等地方特色农险17个,2023年全辖农业保险保费收入19.73亿元,同比增长17.63%,为农户提供风险保障620.39亿元,同比增长12.8%。更好发挥"保险+服务"作用,支持和参与道路交通安全、防台防汛灾害隐患排查和救援服务,开展首批巨灾保险试点,累计赔付2814万元,国家防总办公室向全国通报温州试点经验;推广安责险、食责险、环责险,创新推出浙江省首款普惠型家庭生活综合保险"浙家保",积极推进非伤人交通事故"浙里快处""承运人责任险长三角一网通办"等项目。在加强杭州亚运会基础金融服务的同时,太保财险浙江分公司切实做好风险减量服务,为亚运会赛事风险源头管控提供有效支撑。

(五)保险支持经济社会高质量发展效果不断显现

把做好科技金融服务摆在突出位置,探索科技保险领域各类创新试点。开展首版次软件保险补偿试点,引导首台(套)保险费率有序下降,为投保企业节约保费1160万元;深化知识产权保险创新试点改革,商业秘密保险和PCT(专利合作条约)等国际知识产权保险先后落地。截至2023年末,辖内科技保险业务为企业提供研发、转化、推广等一揽子风险保障5899亿元。深化湖州、衢州国家绿色金融改革创新试验区建设,落地全国首单ESG保险,探索开展碳账户保险。出台实施"险资入浙"行动方案,深化险资运用机制建设,举办"险资入浙"系列活动,发挥其在重大基础设施项目建设、支持科创发展等方面的作用。强化外贸金融要素保障,加强"千团万企"拓市场攻坚金融支持,提供出口信用保险金额超147亿美元,辖内保险机构累计为3.6万家企业1545亿美元的出口额提供承保支持。

二、浙江省保险业发展展望

经济社会发展过程中面临的不确定性仍然较大,推动经济回升向好仍需克服一些困难和挑战,但综合来看长期向好的基本趋势没有改变。在宏观经济持续复苏的大背景下,保险业拥有广阔的增长空间。财险业方面,预计业务将保持稳健增长,"稳中有升"有望成为行业发展主基调。与此同时,开展有针对性的专业化风险减量服务也正成为财险市场努力的一大方向。财险业将从传统风险等量管理模式转变为主动介入社会风险全流程管理模式,通过积极协助投保企业开展风险评估、教育培训、隐患排查、应急演练、监测预警等风险减量工作,助力保险从"事后补偿"向"事前预防"和"事中响应"延伸,从源头防范风险,减轻损失程度,为服务实体经济高质量发展贡献保险力量。人身险方面,长寿时代下银发经济为寿险业发展带来养老、医疗等新机遇。养老保险试点稳步推进,多支柱养老保险产品体系持续丰富,养老金融大文章大有可为。人身险公司将继续通过养老和健康管理产业布局,不断探索保险与养老、医疗、大健康等产业融合,构建康养产业链,与寿险主业形成协同效应,为保险业务发展提供新的支点。与此同时,生成式人工智能技术（AIGC）的发展和应用将为人身险公司在产品、营销、理赔等领域提供深度技术赋能，大幅提高企业整体运营效率，加速寿险业转型发展。

（本报告由国家金融监督管理总局浙江监管局提供）

第五章　2023年度浙江省小额贷款公司行业发展与监管报告

　　2023年,在国家金融监管总局的坚强指导和有力支持下,浙江省小额贷款行业聚焦服务浙江高质量发展建设共同富裕示范区等中心工作,践行普惠金融发展理念,在服务小微企业、"三农"中发挥融资畅通毛细血管作用。有关情况报告如下。

一、2023年度浙江小贷行业发展情况

　　浙江小贷行业总体发展平稳,截至2023年12月末,全省共有小贷公司238家(不含宁波、分支机构,下同),注册资本总额428.14亿元,所有者权益总计465.88亿元;贷款余额461.39亿元,本年累计发放贷款1088.74亿元。

(一)普惠贷款超七成,发挥拾遗补阙作用

　　全省小贷公司全年"支农支小"累放贷款901.26亿元(4.4万户、8.83万笔),12月末贷款余额359.95亿元(4.1万户、5.52万笔),分别占全年累放贷款、贷款余额的比重为82.78%、78.01%,户均、单笔贷款余额分别为87.8万元、65.2万元,助力数量庞大的农民、大学生和小微企业解决融资难题,有效发挥了小贷普惠金融的作用。

(二)勇于探索创新,形成行业特色

　　全省小贷公司立足自身定位,创新业务模式,坚持"差异化、特色化"经营,在科创金融、供应链金融、绿色金融等方面进行积极探索。嘉兴君和科创小贷聚焦服务初创型科技企业,自2023年4月成立运行以来,累计发放贷

款4.58亿元、205笔。海天小贷围绕链主企业,探索供应链金融服务。

(三)清退成效明显,净化行业环境

浙江省坚决贯彻国家金融监管总局有关要求,通过多种监管手段联合发力,大力引导僵尸空壳等非正常经营小贷公司有序退出,2023年退出17家,近3年累计退出40家,有效净化了行业发展环境。

二、浙江省小贷行业监管情况

2023年,浙江省推动行业持续健康发展,鼓励守正创新,强化支农支小,引导服务下沉,提供个性化、差异化金融服务,多措并举服务共同富裕示范区建设。

(一)不断强化日常监管

以监管评级为抓手,修改完善监管评级指标体系,省、市、县三级逐级对小贷公司进行评审,依据评级结果实施分类监管,强化行业管理,做到扶优限劣。结合"双随机、一公开"工作和信访投诉、监管实际,选取20余家小贷公司开展现场检查,以查促改、以查促管,强化违法违规惩处,提升监管威慑力。同时,督查各地金融管理部门走访调研一批小贷公司,主动加强工作指导。

(二)注重数字科技赋能

贯彻营商环境优化提升"一号改革工程",始终秉持公开、公正、透明、高效、快捷、便利的审批原则,小贷审批事项上线"最多跑一次"系统网上办理,全年共办理新设机构2家、变更52起。加快推进地方金融组织非现场监管系统建设,小贷行业已正式上线运行,对系统分析预警的高风险及时下发属地开展处置,大幅提高监管效率。在部分地市上线地方金融组织不动产抵押登记网办应用,打通多部门平台数据,实现不动产、司法冻结等信息网上查询,通过减材料、缩流程、不跑腿,有效提升地方金融组织服务质效。

(三)支持行业守正创新

积极谋划、研究起草促进小额贷款公司更好地服务实体经济相关政策,

推进小贷行业高质量发展。鼓励业务创新,支持设立科创小贷和供应链金融小贷,推动行业减量提质,形成一批新生力量。自行组织或指导协会开展培训10余次,涵盖监管政策和行业规范发展等内容,进一步提升行业企业规范意识和监管意识。

(四)防范化解风险隐患

认真贯彻落实习近平总书记关于加强和改进人民信访工作的重要思想,深入践行"浦江经验",对个别存在信访投诉的小贷机构,省市县三级联合处置,及时化解矛盾纠纷。同时,结合杭州亚运会召开等重点工作,开展全省小贷行业安全生产风险隐患专项排查整治,为行业发展提供良好的生产环境。

三、浙江小贷行业未来发展重点

近年来,受国内外宏观经济形势急剧下行压力、金融机构普惠业务持续下沉等多重因素影响,小贷行业生存空间被逐步压缩。但在普惠金融服务体系中,小贷行业始终立足服务于小微、"三农",主动覆盖银行和传统金融机构无法提供服务的非标和长尾客户,充分发挥金融服务"毛细血管"和拾遗补缺作用,是普惠金融领域的有益补充。2024年,浙江省将围绕服务共同富裕,推动行业高质量发展,重点抓好以下工作。

(一)不断深化金融普惠

充分认识到小贷行业的特点和行业发展的初衷,坚持服务小微企业和"三农",与银行业错位发展、错位经营,进一步加大对山区26县和"三农"的支持,争取全年实现小贷公司融资服务总额合计1000亿元以上,支农支小占比80%左右,促进共同富裕。

(二)不断强化行业质效

加大对科技金融、供应链金融的支持,指导一批小贷公司开展供应链金融、投贷联动、创新人才金融服务。持续推进行业减量提质,推动小贷行业不断完善法人治理、坚守主业、突出特色,促进行业整体持续向好发展。

（三）不断细化监管举措

结合机构改革情况和市县金融工作部门的力量配备，逐步拓宽现场检查覆盖面，优化细化小贷公司评级，持续调整完善评级项目、标准和等次数量设置，发挥好监管指挥棒作用。同时，深化非现场监管系统的应用，人防技防相结合，提升监管质效。

（四）不断优化政策扶持

加快制定出台小贷行业创新发展意见，力争在优化区域布局、推动行业整合、促进业务延伸、拓展客户对象等方面发挥作用，并主动协调有关部门加大对小贷行业的支持，促进地方金融组织更好发挥普惠金融作用。

（本报告由浙江省地方金融监管局提供）

第六章 2023年度浙江省上市公司发展报告

一、上市公司数量概况

（一）上市公司数量稳步增长

截至2023年底，全国共有境内上市公司5340家，其中2023年新增313家。从浙江省来看，浙江省共有境内外上市公司882家，其中，境内上市公司达702家，境外上市公司180家。从境内新增数量来看，2023年浙江省新增境内上市公司47家（见图6-1）。

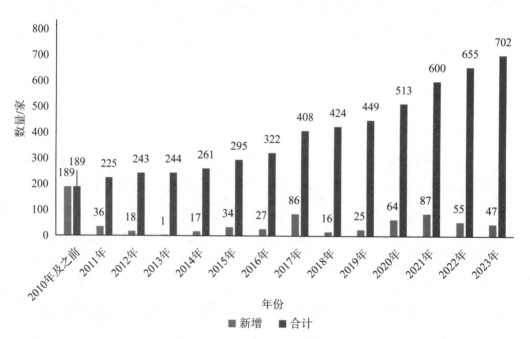

图6-1 浙江省境内上市公司数量变化

（二）浙江省上市公司数量①全国排名第二位

按省份来看,浙江省境内上市公司占全国上市公司总数的13.15%,全国排名第二,仅次于广东省(包括深圳市)的870家。2023年浙江省新增上市公司47家,占全国新增的15.02%,较2022年的12.85%有所上升,新增数量排名全国第三,次于江苏省的58家和广东省的51家(见表6-1)。

表6-1　全国上市公司数量排名前十的省市

单位:家

排名	省份	上市公司数量	新增数量
1	广东省	870	51
2	浙江省	702	47
3	江苏省	689	58
4	北京市	469	20
5	上海市	441	26
6	山东省	308	18
7	安徽省	175	13
8	四川省	173	6
9	福建省	169	5
10	湖北省	147	8
全国合计		5340	313

（三）杭州市和宁波市上市公司数量位列全国地级市前十

分地级市来看,省内杭州市以228家的上市公司数量,列全国第二位,排名与上一年一致,低于深圳市;宁波市以120家的上市公司数量排名第七,较上一年下滑一位(见表6-2)。

表6-2　全国上市公司数量排名前十的地级市

排名	地级市	上市公司数量/家	占比/%
1	深圳市	421	7.88
2	杭州市	228	4.27

---

① 指境内上市公司数量,A、B股同时上市的,仅统计A股,后同。

续表

排名	地级市	上市公司数量/家	占比/%
3	苏州市	217	4.06
4	广州市	154	2.88
5	南京市	124	2.32
6	无锡市	121	2.27
7	宁波市	120	2.25
8	成都市	117	2.19
9	长沙市	87	1.63
10	合肥市	82	1.54

（四）浙江省内上市公司所在地市以杭州、宁波为主

省内地市方面，湖州市上市公司数量排名由2022年的第八位提高到第七位，排名前三的城市分别为杭州市、宁波市和绍兴市，分别占浙江省上市公司总数的32.62%、17.09%和11.40%，合计占比达到61.11%，丽水市新增上市公司3家，上市公司数量占比大幅提高（见表6-3）。

表6-3　浙江省内各地级市上市公司数量排名

排名	地级市	上市公司数量/家	新增数量/家	上市公司数量占比/%
1	杭州市	228	14	32.52
2	宁波市	120	6	17.12
3	绍兴市	80	6	11.41
4	台州市	68	2	9.70
5	嘉兴市	65	5	9.27
6	金华市	40	4	5.71
7	湖州市	37	3	5.28
8	温州市	36	2	5.14
9	衢州市	17	2	2.43
10	丽水市	8	3	1.14
11	舟山市	2	0	0.29
浙江省		701	47	100.00

（五）杭州市上市公司所在县区市以滨江区和上城区为主

杭州市内上市公司主要分布在滨江区、上城区、西湖区、萧山区和临平区,前五个区数量占比64.91%（见表6-4）。

表6-4　杭州各县区市上市公司数量排名

排名	县区市	数量/家	占比/%
1	滨江区	50	21.93
2	上城区	31	13.60
3	西湖区	24	10.53
4	萧山区	22	9.65
5	临平区	21	9.21
6	余杭区	19	8.33
7	拱墅区	19	8.33
8	钱塘区	17	7.46
9	临安区	11	4.82
10	富阳区	7	3.07
11	建德市	5	2.19
12	桐庐县	1	0.44
13	淳安县	1	0.44

二、上市公司市值情况

（一）浙江省上市公司平均市值低于全国水平

2023年底,全国上市公司总市值合计83.75万亿元,较去年同期下滑1.18%,平均市值[①]为156.90亿元,较去年同期也有所下滑（2022平均市值为167.28亿元）。

截至2023年12月31日,浙江省上市公司股票市值总计为6.74万亿元,较去年同期下滑6.00%,总市值依然排名全国可比省份的第二位。浙江省上市公司平均市值95.99亿元,平均市值较去年同期也有所下滑（去年同期

---

① 平均市值＝总市值/上市公司数量。

为109.23亿元）（见表6-5）。

表6-5　全国上市公司总市值排名前十的省份

排名	省份	上市公司数量/家	总市值/亿元	平均市值/亿元
1	广东省	870	130961.75	150.53
2	浙江省	702	67382.25	95.99
3	江苏省	689	63592.20	92.30
4	山东省	308	34882.97	113.26
5	福建省	169	29283.65	173.28
6	四川省	173	26660.56	154.11
7	安徽省	175	18579.97	106.17
8	湖南省	146	15070.83	103.22
9	湖北省	147	13813.76	93.97
10	河南省	110	13572.01	123.38

（二）杭州市上市公司总市值在地级市中仅次于深圳市

省内杭州市上市公司总市值26750.24亿元，较去年下滑4.81%，总市值全国（含直辖市）排名第四，仅低于北京市、深圳市和上海市，但企业平均市值排名相对落后；宁波市挤进全国地级市上市公司总市值"十强"，120家上市公司合计总市值12175.05亿元（见表6-6）。

表6-6　全国上市公司总市值排名前十的地级市

排名	地级市	上市公司数量/家	总市值/亿元	平均市值/亿元
1	深圳市	421	81319.99	193.16
2	杭州市	228	26750.24	117.33
3	遵义市	4	21770.26	5442.57
4	广州市	154	18379.08	119.34
5	苏州市	217	16529.74	76.17
6	南京市	124	14093.58	113.66
7	成都市	117	12695.55	108.51
8	宁波市	120	12175.05	101.46
9	无锡市	121	11334.49	93.67
10	西安市	62	10700.89	172.59

(三)浙江省整体市值有所下滑

截至 2023 年 12 月 31 日,浙江省 702 家上市公司总市值为 67382.81 亿元,同比下滑 5.95%。其中有 160 家上市公司总市值超过 100 亿元(上一年为 163 家),占全国数量的 10.82%,与去年基本持平,数量排名全国第三位,低于广东省的 230 家、北京市的 194 家。总市值排名前三的上市公司分别是海康威视、宁波银行和三花智控,其中海康威视 2023 年总市值 3239.58 亿元,浙江省市值排名第一位。

1.浙江省共有 16 个行业同比增长。2023 年 A 股市场整体表现一般,浙江省 31 个申万行业中市值同比增长的有 16 个行业。增速排名前五的分别是通信、汽车、家用电器、机械设备和传媒行业。其中,通信行业同比增长 39.77%,行业增速排名第一。

总市值超过 100 亿元的 160 家上市公司分布在 28 个行业,其中电力设备 21 家,排名第一,医药生物行业 18 家,排名第二。

2.海康威视总市值稳居浙江省第一位。海康威视以 3239.58 亿元的总市值稳居浙江省第一位,市值同比小幅下滑 0.95%;宁波银行总市值为 1327.98 亿元,浙江省市值排名第二位。总市值前十的上市公司中,市值正增长的有 4 家,其中,增速排名第一的是同花顺,市值较去年同期增长 59.08%;三花智控增速为 44.02%,排名第二(见表 6-7)。

表 6-7　2023 年 12 月 31 日浙江省市值排名前十的上市公司

序号	证券代码	证券名称	申万行业	总市值/亿元	市值同比/%
1	002415.SZ	海康威视	计算机	3239.58	−0.95
2	002142.SZ	宁波银行	银行	1327.98	−38.03
3	002050.SZ	三花智控	家用电器	1097.39	44.02
4	002493.SZ	荣盛石化	石油石化	1047.99	−15.85
5	603195.SH	公牛集团	轻工制造	852.76	−0.97
6	300033.SZ	同花顺	计算机	843.33	59.08
7	601689.SH	拓普集团	汽车	810.01	25.47
8	000963.SZ	华东医药	医药生物	727.38	−11.39
9	601018.SH	宁波港	交通运输	692.58	−0.56
10	601916.SH	浙商银行	银行	651.29	7.67

三、上市地和板块分布

浙江省内上市公司上市地点及板块分布情况如表6-8所示。

表6-8　省内上市公司上市地点及板块分布

交易所	板块	上市公司数量/家	数量占比/%	总市值/亿元	市值占比/%
上交所	主板	278	39.60	29827.64	44.27
	科创板	48	6.84	4011.86	5.95
	合计	326	46.44	33839.51	50.22
深交所	主板	178	25.36	22880.87	33.96
	创业板	173	24.64	10324.52	15.32
	合计	351	50.00	33205.40	49.28
北交所	北证	25	3.56	337.35	0.50
	合计	25	3.56	337.35	0.50
浙江省合计		702	100.00	67382.25	100.00

（一）浙江省深交所上市公司数量略多于上交所

截至2023年底,浙江省共有境内上市公司702家,上市地点主要集中在深交所和上交所,702家上市公司中,共有351家选择在深交所上市,占比达50.00%,326家选择在上交所上市,占比46.44%。新增47家上市公司中有22家在深交所上市,占比46.81%,有14家在上交所上市,占比29.78%。

（二）上市板块以主板为主

浙江省702家上市公司中,共有456家公司选择在主板上市,占比64.96%,173家上市公司选择在创业板上市,占比24.64%,48家公司在科创板上市,25家公司选择在北交所上市。

（三）总市值以沪深为主

截至2023年底,浙江省326家上交所上市企业合计总市值为33839.51亿元,市值占比50.22%。浙江省在深交所上市的公司总市值为33205.40亿元,占省内上市公司总市值的49.28%,较去年小幅上升0.55个百分点;从上市公司板块来看,456家主板上市公司以52708.51亿元的总市值占浙江省上市公司总市值的78.22%。

四、上市公司行业分布情况

　　浙江省近一半上市公司集中在机械设备、基础化工、汽车、电力设备和医药生物行业。省内上市公司整体行业分布较广,702家上市公司分布在31个不同的行业[①],从上市公司数量来看,排名前五的行业依次为机械设备、基础化工、汽车、电力设备和医药生物,前五大行业以传统实体经济为主,其上市公司数量占比达50.14%(见图6-2),较去年上升1.51个百分点。

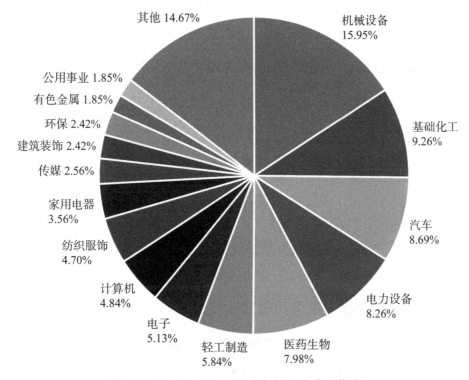

图6-2　省内上市公司行业分布(按上市公司数量)

五、上市公司控股情况

　　浙江省上市公司控股股东类型如表6-9所示。

---

　　① 本报告所指行业均为申万一级行业。

表6-9　上市公司控股股东类型

控制类型	上市公司数量/家	总市值/亿元	资产总计/亿元	营业收入/亿元
民营	602	51556.30	52501.75	31254.67
国有	90	12980.72	37965.38	16841.03
集体企业	8	865.96	1137.94	989.43
其他	2	1979.28	58555.41	1252.89

（一）浙江省上市公司以民营控股为主

浙江省上市公司以民营控股企业为主体，民营控股企业不管是在上市公司数量还是在营业收入等方面均占主导地位，702家上市公司中，共有602家属于民营控股企业，占比85.75%。

（二）浙江省民营上市公司市值占境内上市公司市值比例近80%

浙江省民营企业总市值达51556.30亿元，占浙江省总市值的76.51%；国有企业总市值为12980.72亿元，占比19.26%。

（三）浙江省民营上市公司总资产占比超30%

从总资产来看，民营控股企业以85.75%的公司数量拥有34.96%的总资产。民营企业合计总资产52501.75亿元；国有资产控股公司有90家，总资产合计37965.38亿元；其他类型指的是宁波银行和浙商银行，合计总资产高达58555.41亿元。

（四）浙江省民营上市公司营收占比超60%

从营收数据来看，602家民营企业实现营业收入31254.67亿元，民营控股企业占比62.09%，民营企业中外资控股的有18家；90家国有企业实现营业收入16841.03亿元，占比33.46%。

六、上市公司股权质押情况

（一）浙江省上市公司股东股权质押占比上升

截至2023年底，浙江省702家上市公司中，共有465家公司的控股股东进行了股权质押,股权质押占比较2022年有所上升,质押公司数量占比为66.24%(去年为34.45%),高于全国45.54%的整体水平。合计质押股数占总股本比例为11.85%,远高于去年同期(去年同期为4.45%),也高于全国8.26%的整体水平,有9家公司质押数量占总股本比例超过50%(见表6-10),整体流动性风险较上一年有所上升。

表6-10　质押数量占总股本比例前十名

证券代码	证券名称	地级市	申万行业	质押数量占总股本比例/%
002468.SZ	申通快递	台州市	交通运输	86.83
601579.SH	会稽山	绍兴市	食品饮料	71.38
002569.SZ	ST步森	绍兴市	纺织服饰	67.74
000967.SZ	盈峰环境	绍兴市	环保	59.79
002006.SZ	精工科技	绍兴市	机械设备	57.88
002633.SZ	申科股份	绍兴市	机械设备	56.55
301055.SZ	张小泉	杭州市	轻工制造	53.48
600671.SH	*ST目药	杭州市	医药生物	52.87
600290.SH	*ST华仪	温州市	电力设备	52.71
600763.SH	通策医疗	杭州市	医药生物	49.13

(二)浙江省上市公司控股股东高比例股权质押略有下降

从控股股东股权质押数量占持股比例来看,浙江省上市公司控股股东股权质押数量占持股比例超过90%的有17家,有21家上市公司控股股东股权质押数量占持股比例超过80%(见表6-11)。数量较上一年(上一年控股股东股权质押数量占持股比例超过90%的有16家,比例超过80%的有24家)变化不大,控制权变更的风险较去年基本持平。

表6-11　控股股东股权质押数量占持股比例超80%上市公司明细

证券代码	证券名称	地级市	申万行业	质押数量占持股比例/%
603010.SH	万盛股份	台州市	基础化工	100.00
002012.SZ	凯恩股份	丽水市	轻工制造	100.00
002488.SZ	金固股份	杭州市	汽车	100.00
002520.SZ	日发精机	绍兴市	机械设备	100.00
002610.SZ	爱康科技	杭州市	电力设备	99.99
002699.SZ	*ST美盛	绍兴市	传媒	99.99

续表

证券代码	证券名称	地级市	申万行业	质押数量占持股比例/%
301055.SZ	张小泉	杭州市	轻工制造	99.90
002418.SZ	康盛股份	杭州市	家用电器	99.86
300459.SZ	汤姆猫	绍兴市	传媒	99.79
002280.SZ	联络互动	杭州市	商贸零售	99.63
300020.SZ	银江技术	杭州市	计算机	99.53
300027.SZ	华谊兄弟	金华市	传媒	99.37
603388.SH	元成股份	杭州市	建筑装饰	99.31
002570.SZ	贝因美	杭州市	食品饮料	99.18
002779.SZ	中坚科技	金华市	机械设备	96.39
002569.SZ	ST步森	绍兴市	纺织服饰	95.24
002164.SZ	宁波东力	宁波市	机械设备	90.25
002617.SZ	露笑科技	绍兴市	公用事业	83.59
603703.SH	盛洋科技	绍兴市	电子	80.87
600491.SH	龙元建设	宁波市	建筑装饰	80.77
603168.SH	莎普爱思	嘉兴市	医药生物	80.00

七、上市公司质量、创新发展情况

(一)研发费用投入持续增加

2023年度,浙江省上市公司研发费用合计1364.84亿元,较去年同期增长8.79%。

1.从行业分布来看,浙江省研发费用前三的行业为计算机、电力设备和汽车,前三个行业研发费用合计532.19亿元,占比合计39.00%(见表6-12)。与全国数据对比,全国研发费用前三的行业是建筑装饰、电子和汽车,计算机和电力设备行业在全国分别排名第六位和第四位。

2.从个股来看,研发费用排名第一位的是海康威视,达113.93亿元,在全国排名第19位,全国研发费用排名第一的是中国建筑,投入研发费用460.74亿元,荣盛石化以65.55亿元排名浙江省第二位,大华股份以39.67亿元排名第三位。

表 6-12　2023 年浙江省各行业研发费用明细

序号	申万行业	上市公司数量	2023年研发费用/亿元	研发费用同比/%	
				浙江省	全国
1	计算机	34	247.83	9.96	5.28
2	电力设备	58	164.21	9.30	11.07
3	汽车	61	120.15	15.63	27.30
4	医药生物	56	113.25	0.13	6.46
5	基础化工	65	105.19	−1.33	4.10
6	机械设备	112	98.38	7.21	8.46
7	石油石化	5	83.82	37.44	11.97
8	电子	36	71.71	37.19	5.91
9	传媒	18	55.69	−6.00	−2.65
10	建筑装饰	17	45.70	6.98	7.48
11	有色金属	13	41.24	−7.00	−0.35
12	家用电器	25	39.37	5.12	9.63
13	轻工制造	41	38.62	−0.84	0.17
14	环保	17	24.05	8.53	5.79
15	纺织服饰	33	23.37	3.69	0.39
16	交通运输	9	21.87	24.24	11.98
17	钢铁	4	18.26	2.84	3.06
18	建筑材料	10	12.92	−2.70	7.56
19	通信	12	10.34	5.47	21.79
20	公用事业	13	10.10	38.01	12.73
21	美容护理	5	4.17	17.10	5.95
22	国防军工	3	3.99	0.11	20.01
23	商贸零售	11	3.22	9.11	−12.73
24	食品饮料	10	2.71	21.32	7.37
25	煤炭	1	1.21	6.55	10.43
26	农林牧渔	4	0.98	21.47	14.30
27	社会服务	5	0.84	59.76	−5.86
28	非银金融	7	0.84	15.11	3.51
29	房地产	10	0.53	−33.00	−23.78
30	综合	3	0.31	−19.38	−4.85
31	银行	4	—	—	—

（二）研发人员数量同比增速超过全国平均

截至2023年底，全国5340家上市公司中共有研发人员3433267人，较上一年同期增长3.23%。从浙江省层面来看，2023年底，浙江省共有研发人员325249人，较上一年同期增长5.96%，员工总数较上一年增长2.91%，研发人员的增速高于浙江省员工总数的增速，高于全国研发人员增速，总体说明浙江省在研发产品方面正积极地增加投入（见表6-13）。

表6-13　浙江省和全国研发人员数量

地区	类型	2022年/人	2023年/人	同比增速/%
浙江省	研发人员	306964	325249	5.96
	员工总数	2213174	2277560	2.91
全国	研发人员	3325684	3433267	3.23
	员工总数	29978911	30546767	1.89

（三）发明专利数量大幅增加

2023年度全国专利数量合计133.46万项，数量较上一年增长8.90%。其中，浙江省上市公司专利数量合计13.08万个，较上一年增加8.55%，增速略低于全国整体水平。本章涉及的专利分为发明专利、实用新型专利、发明授权和外观设计专利。

（四）浙江省发明专利主要集中在机械设备、计算机、电力设备、轻工制造和家用电器行业

前五个行业合计发明专利数量占比达62.98%（见表6-14）。其中计算机行业的海康威视的发明专利数量稳居浙江省第一，发明专利数为6783个。

表6-14　2023年浙江省各行业发明专利情况

序号	申万行业	发明专利数量/个	发明专利数量占比/%
1	机械设备	24687	18.87
2	计算机	17502	13.38
3	电力设备	14802	11.32
4	轻工制造	13409	10.25

序号	申万行业	发明专利数量/个	发明专利数量占比/%
5	家用电器	11975	9.16
6	汽车	10323	7.89
7	纺织服饰	5392	4.12
8	建筑装饰	5130	3.92
9	电子	4906	3.75
10	基础化工	4472	3.42
11	医药生物	3803	2.91
12	建筑材料	3359	2.57
13	环保	2514	1.92
14	通信	1943	1.49
15	有色金属	1679	1.28
16	食品饮料	1101	0.84
17	美容护理	809	0.62
18	传媒	509	0.39
19	公用事业	415	0.32
20	钢铁	402	0.31
21	石油石化	344	0.26
22	交通运输	299	0.23
23	房地产	298	0.23
24	农林牧渔	202	0.15
25	商贸零售	201	0.15
26	非银金融	122	0.09
27	国防军工	100	0.08
28	银行	93	0.07
29	综合	7	0.01
30	社会服务	3	0.00
31	煤炭	0	0.00

(五)高管学历分析

浙江省上市公司高管学历情况如表6-15所示。2023年度浙江省公布的上市公司董事长为博士学历的有50人,占比7.55%(662家上市公司公布了董事长学历),董事长为硕士学历的有261人,占比39.43%。博士或硕士学历人数占比达46.98%。与全国上市公司相比,全国公布的5073家上市公司中董事长为博士或者硕士的有2937人,占比57.90%。

　　浙江省公布总经理学历的上市公司共有674家,其中博士学历36家,硕士学历280家,博士或者硕士学历合计占比46.88%,低于全国56.15%的占比。

　　浙江省公布财务总监学历的上市公司共有671家,其中博士学历或硕士学历180家,博士或硕士学历占比合计26.83%,低于全国35.89%的占比。

表6-15　浙江省上市公司高管学历情况

单位:人

学历	董事长	总经理	财务总监
博士	50	36	3
硕士	261	280	177
本科	175	217	408
大专	117	104	78
中专	12	7	3
高中	32	21	2
初中	14	9	0
小学	1	0	0

(本报告由浙江省地方金融监管局提供)

第七章　2023年度浙江省股权投资行业发展报告

一、2023年度浙江私募股权投资市场发展概况

（一）2023年度浙江地区股权投资政策环境分析

为进一步释放股权投资市场活力,2023年浙江省从产业升级、基金小镇建设、顶层设计等多角度切入,出台了一系列积极政策。

产业升级方面,2023年1月,浙江省人民政府发布了《浙江省"415X"先进制造业集群建设行动方案(2023—2027年)》(浙政发〔2023〕4号)(以下简称《行动方案》),以高端化、智能化、绿色化、国际化为主攻方向,以"腾笼换鸟、凤凰涅槃"为主要抓手,加快构建以"415X"先进制造业集群为主体的现代化产业体系,打造全球先进制造业基地,为"两个先行"夯实物质基础。其中,《行动方案》提到要强化基金引导,迭代产业基金3.0版,设立新一代信息技术、高端装备、现代消费与健康、绿色石化与新材料等4只产业集群专项基金和1只"专精特新"母基金(简称:"4+1"专项基金群)。"4+1"专项基金群是浙江全省的基金,能够高效发挥政府资本的引领作用,撬动更多社会资本,聚集创新资源要素,为浙江省"415X"先进制造业发展注入更多源头活水。

基金小镇建设方面,浙江省着力推进南湖基金小镇和玉皇山南基金小镇的高质量发展。南湖基金小镇是全国首个私募股权投资基金小镇,2023年7月,为进一步支持南湖基金小镇提升服务实体经济和赋能科技创新的综合功能,嘉兴市人民政府发布《嘉兴市人民政府办公室关于支持南湖基金小镇高质量发展的意见(2023—2027年)》(嘉政办发〔2023〕41号)(以下简

称《意见》）。《意见》围绕大力提升小镇形象功能、加快科创资本集聚高地建设、开展基金业务模式创新、完善基金服务管理四个方面提出了12条举措，进一步优化南湖基金小镇发展环境，提升建设运营和高质量发展水平，放大以服务实体经济、服务科技创新为主的私募股权投资产业特色。玉皇山南基金小镇作为全省领先的创新金融要素集聚高地，紧扣浙江省钱塘江金融港湾、数智金融先行省的发展要求，是杭州国际金融科技和新兴金融中心核心区的建设重点，持续推进融合创新。截至2023年末，基金小镇注册投资类企业2436家，累计资产管理规模1.5万亿元，累计税收超过200亿元。小镇机构积极赋能实体企业高质量发展，累计投资实体企业15150家，助力企业上市402家。围绕小镇私募生态建设，打造长三角乃至全国最有影响力的投融资平台"山南投融汇"，联合省股权交易中心推进创投股权与私募基金份额报价转让平台建设，连续举办七届全球私募基金西湖峰会。未来小镇将全力打造"两样板、两中心"，即中国特色世界级基金小镇样板、中国区域性股权市场改革样板、长三角领先的资产管理创新中心和全国性大宗商品金融服务创新中心。浙江的嘉兴南湖基金小镇、杭州玉皇山南基金小镇的聚力建设，有助于强化小镇私募基金基础设施建设和科创金融服务供给能力，加快推进资本与科技创新的深度融合和精准对接。

顶层设计方面，2023年，浙江省多地市发布了针对金融业、基金业的利好政策，如宁波市发布《关于促进宁波股权投资持续高质量发展的若干措施》（甬政发〔2023〕79号）、温州市发布《温州市加快基金业集聚促进股权投资高质量发展若干措施》（温政办〔2023〕64号）等。这些政策文件从促进资本产业融合发展、强化政府投资引导作用、推动股权投资机构和人才集聚发展、强化募投管退联动发展、加快营造优质配套服务环境等多方面入手，全方位促进股权投资行业的规模化、集聚化发展，助力新兴产业培育和传统产业转型升级，强化城市产业对股权投资机构的吸引力。

（二）浙江股权投资业发展特点

1.基金管理人加速出清，监管层连续出台多项举措，积极稳定市场，增强资金募集信心

2023年，中国证券投资基金业协会（以下简称中基协）有序推进不合规

机构的清理工作,逐步完善了我国私募基金行业监管体系。2023年5月,《私募投资基金登记备案办法》及配套指引正式施行;7月,私募基金行业第一部行政法规《私募投资基金监督管理条例》正式发布,填补了行政法规监管空白;12月,证监会修订行业最高部门规章《私募投资基金监督管理办法(征求意见稿)》并公开征求意见。在全国私募基金行业监管环境持续优化、监管架构逐步升级的背景下,浙江省私募股权、创业投资基金管理人加速出清。截至2023年12月31日,浙江省在中基协备案的私募股权、创业投资基金管理人共有1509家,较2022年下降11.60％。

放眼全球,近年来全球主要的股权投资市场整体发展步伐放缓,规模持续走低,叠加市场IPO表现不佳,资金退出渠道堵塞等因素影响,市场信心有所下降,资金募集出现结构性困难。在此背景下,我国行政部门强调要拓展私募基金募资渠道,增强市场信心。2023年,在《私募投资基金监督管理条例》座谈会上,中国证监会指出要进一步壮大私募基金投资力量。具体措施包括:丰富资金来源,逐步扩大引入保险资金、社保基金和养老金等长期资金;推动完善税收政策;加强数据治理,推进信息披露、电子合同、份额登记等基础设施建设;强化投资者教育;拓宽退出渠道,促进"投资—退出—再投资"良性循环。

浙江省积极跟进,开展了多项试点工作,以增强资金募集动力、活力。2023年11月,浙江省六部门联合印发《关于推进股权投资和创业投资份额转让试点指导意见的通知》,提出八大内容、13项举措,以杭州、宁波为核心试点城市推进份额转让试点工作,建立与私募股权投资市场相适应的报价转让系统与机制,在杭州率先探索设立专业化的私募股权二级市场基金。通过份额转让试点开展、专业化S基金等措施,市场资金流动性提升,资本对市场的信心得到提振,资金募集活力提高。此外,浙江省还积极推进QFLP(合格境外有限合伙人)试点工作,杭州、绍兴、台州、丽水、温州、湖州、嘉兴等多地已开展试点,以吸引更多优质境外资本,为浙江省股权投资市场募资端注入发展"活水"。

2.集成电路产业发展迅猛,投资机构关注度跃居榜单首位,热度持续提升

近年来,浙江省集成电路产业规模实现快速增长,各项经济指标再创同期新高。根据浙江省半导体行业协会产业研究中心发布的《2023年浙江省

集成电路产业发展报告》(以下简称《报告》)显示,2022年浙江省集成电路产业实现销售总收入2044.83亿元,同比增长42.45%,占长三角产值比重由2021年的18.09%提高到2022年的21.04%,增加了2.05个百分点。

在浙江省集成电路产业发展的"全景图"中,设计业与材料业优势显著。《报告》显示,2022年,浙江省集成电路设计业整体强劲发力,开局良好,销售收入规模首次迈上600亿元台阶,总规模达620.12亿元,同比增长50.6%。其中,杭州市集成电路设计业贡献了全省约84%的份额,产业规模位列全国第四。此外,材料业作为浙江省集成电路产业最大的单一细分领域近年来总体呈快速增长态势,2022年在全球半导体行业呈收缩的情况下依旧保持强劲增长态势。

浙江省产业创新能力不断提升,产业生态发展日益完善。《报告》显示,2022年,浙江地区创新能力跃居全国第四,其中企业创新能力位居全国第三;国家科技奖数量居全国第三;研发人员密度则居全国第三。浙江省及各地市大力发展集成电路产业,出台了一系列扶持政策、设立集成电路产业投资基金、成立创新中心、建立产业平台等。此外,浙江各地市持续发力,积极打造多个产业园区,逐渐形成杭绍甬、杭嘉湖、杭金衢的"一轴两带"产业格局。

在浙江省举全省之力大力发展集成电路产业的努力下,2023年浙江省集成电路产业建设取得了显著成就,股权投资市场上的投资表现也较为突出,投资活跃度和规模均有所增长。根据清科研究中心统计,2023年浙江省半导体及电子设备行业投资体量首次登上行业榜首,共获得264起投资,投资规模超200亿元,占浙江省投资总案例数及投资总规模的比重分别达23.87%、27.42%,占比相较2022年分别增长3.27个百分点、11.90个百分点。

3.受A股阶段性收紧IPO节奏影响,被投企业IPO退出持续缩减,其余退出方式热度提升

2023年8月,为完善一、二级市场逆周期调节机制,合理把握IPO、再融资节奏,证监会阶段性收紧IPO节奏,促进投融资两端的动态平衡。受此影响,下半年沪深两市新股发行放缓,带动被投企业IPO退出持续缩减。2023年,浙江省共有54家企业于境内外上市,相较2022年下降18.18%。2023

年,浙江省被投企业共有退出案例356起,其中IPO退出的案例数为204起,相较2022年下降25.27%,相较2021年下降32.00%,占浙江省被投企业退出案例数的比重为57.30%,占比相较2022年下降4.32个百分点,相较2021年下降12.31个百分点。

此外,被投企业IPO退出的账面回报率也明显下滑。2023年浙江省被投企业204起IPO退出案例中,平均账面回报倍数为2.33倍,仅为2022年(6.85倍)的约三成,股权投资机构从IPO项目中获得稳定收益的确定性降低,转而寻求其他退出渠道。2023年,浙江省被投企业股权转让、回购退出的案例数分别为96起、42起,占浙江省总退出案例数的比重分别为26.97%、11.80%,占比相较2022年分别增加4.17个百分点、1.41个百分点,相较2021年分别增长7.24个百分点、6.23个百分点。

二、2023年度浙江省股权投资市场发展分析

(一)浙江省私募股权、创业投资基金管理人情况

浙江省股权投资行业协会根据中国证券投资基金业协会数据得出,截至2023年12月31日,浙江省在中基协备案的私募股权、创业投资基金管理人共有1509家,较2022年下降11.60%;管理基金产品共6511只,较2022年增长6.34%;管理基金规模进一步提升,达11192.49亿元,较2022年增长7.67%。从各地市的情况来看,杭州市、宁波市优势突出,龙头效应明显,私募股权、创业投资基金管理人数量领跑全省,分别为765家、471家,合计占浙江省总数的81.91%;管理基金产品数量分别为3543只和1880只,合计占浙江省基金产品总数的83.29%;基金产品规模分别为4997.75亿元和4143.67亿元,合计占浙江省基金产品总规模的81.67%。此外,嘉兴市维持了较为领先的地位,共有私募股权、创业投资基金管理人138家,管理基金产品543只,基金产品规模1351.64亿元,均位居全省第三位,大幅领先其余地市(见表7-1)。其中,嘉兴市管理基金产品总规模占比为12.08%,占比相较2022年增加5.90个百分点,涨幅喜人。

2023年,《私募投资基金登记备案办法》及配套指引正式施行,《私募投

资基金监督管理条例》《私募投资基金监督管理办法(征求意见稿)》等系列新规发布,我国私募基金行业进入强监管时代,股权投资基金管理人加速出清,注销数量逐步提升。从基金管理人注销情况来看,2022年和2023年,浙江省每年注销的私募股权、创投基金管理人分别为131家、228家(见表7-1)。其中,杭州市、宁波市两年间注销的私募股权、创业投资基金管理人数量分别为189家、95家,其余地市注销的私募股权、创业投资基金管理人数量均未超过40家。

表7-1 浙江省各地市私募股权、创投备案基金分布情况

地市	私募股权、创投基金管理人登记数量/家	基金产品数量/只	总规模/亿元	私募股权、创投基金管理人注销数量/家	
				2023年	2022年
杭州市	765	3543	4997.75	117	72
宁波市	471	1880	4143.67	59	36
嘉兴市	138	543	1351.64	27	11
湖州市	38	154	210.57	10	4
绍兴市	27	91	85.87	6	1
温州市	19	125	82.51	5	0
金华市	17	106	166.30	2	6
台州市	16	31	49.07	0	0
丽水市	7	13	23.75	1	0
舟山市	6	8	8.76	1	1
衢州市	5	17	72.62	0	0
合计	1509	6511	11192.49	228	131

从管理基金的规模区间来看,浙江省管理基金规模突破10亿元的基金管理人共计222家;其中,杭州市、宁波市遥遥领先,分别有100家和83家,累计占比82.43%;嘉兴市的表现也较为突出,共有21家,占比9.46%;上述三个地市累计占比超九成,浙江省管理基金规模较大的机构呈现出高度的地域集中性。浙江省管理基金规模50亿元以上的基金管理人共40家,主要集中在杭州市、宁波市,两市共有35家,占比近九成;管理基金规模100亿元以上的基金管理人共17家,同样高度集中在杭州市、宁波市,两市共有16家,占比也超九成(见表7-2)。

表7-2　浙江省各地市私募股权、创投备案基金规模分布情况

地市	管理基金规模		
	10亿元以上机构数量/家	50亿元以上机构数量/家	100亿元以上机构数量/家
杭州市	100	17	7
宁波市	83	18	9
嘉兴市	21	3	1
湖州市	7	0	0
绍兴市	2	0	0
温州市	2	0	0
金华市	4	1	0
台州市	1	0	0
丽水市	1	0	0
舟山市	0	0	0
衢州市	1	1	0
合计	222	40	17

(二)浙江省募资市场发展概况

1.浙江省募资总量分析

2023年浙江省新募基金数量[①]与全国趋势相同,较2022年小幅降低,但仍位居全国第四位;募资规模表现突出,在全国募资市场严峻的背景下,浙江省的募资规模仍能逆势而上,实现突破性增长。具体来看,募集数量方面,2023年浙江省共新募基金577只,较2022年降低3.83%,占全国新募基金数量的8.27%,占比与2022年基本持平。募资金额方面,浙江省2023年度募资规模合计1244.69亿元,较2022年大幅提升36.06%,募资金额突破千亿元;占全国的6.82%,占比较2022年增长2.58个百分点。平均新增资本量方面,浙江省股权投资机构的平均新增资本量为2.16亿元,较2022年增长41.25%,在全国主要省份中排名第六位。

从不同类型机构的募资情况来看,浙江省私募股权投资机构的募资表现显著优于创业投资机构和早期投资机构。具体来看,私募股权投资机构

---

① 本书中浙江省的新募基金数量和金额是指浙江省早期(投资)、VC(创业投资)、PE(私募股权投资)三个市场机构管理基金的新募基金数量和金额。

共有 415 只基金完成新一轮募集,募资规模超 900 亿元,占浙江省比重均超七成,创业投资机构、早期投资机构的新募基金数量和募资规模累计占比均未超过三成;私募股权投资机构的募集能力依旧保持领先优势(见表 7-3)。

表 7-3　2023 年浙江省募资总量按机构类型分布情况

机构类型	新募资基金数 (总数)/只	比例 /%	新募资基金数 (披露金额)/只	募资金额 /亿元	比例 /%	平均新增资本量 /亿元
早期投资	11	1.91	11	9.93	0.80	0.90
VC	151	26.17	151	329.98	26.51	2.19
PE	415	71.92	415	904.77	72.69	2.18
合计	577	100.00	577	1244.69	100.00	2.16

数据来源:清科创业(01945.HK)旗下清科研究中心。

从与江苏省的对比情况来看,2023 年浙江省的新募基金数量和规模均超过江苏省,新募基金数量为江苏省(486 只)的 1.19 倍,募资规模为江苏省(1011.51 亿元)的 1.23 倍。此外,2023 年浙江省大额募资案例数量有所提升,大额基金募资规模高于江苏省;与过去相比,浙江省大额募资案例显著少于江苏省的情况有所改善。2023 年浙江省单只基金募资规模在 10 亿元及以上的基金有 33 只,募资规模合计 699.04 亿元,而江苏省募资规模在 10 亿元及以上的基金数量和规模均有较大幅度的下降,新募基金数量缩减至 28 只,募资规模合计 413.61 亿元,浙江省规模为江苏省的 1.69 倍(2022 年浙江省 10 亿元以上募资案例规模为江苏省的 65.73%)。同时,2023 年浙江省平均新增资本量也超过江苏省(2.09 亿元),是江苏省的 1.04 倍,浙江省募资表现喜人。

2.浙江省募资币种分布分析

从募资币种来看,2023 年浙江完成募集的 577 只基金均为人民币基金。

3.浙江省募资地市分布分析

2023 年浙江省募资活动共涉及十个地市,其中杭州市表现最好,衢州市、湖州市平均新增资本量表现突出。具体来看,杭州市表现显著领先其余地市,全年新募基金数量为 413 只,占全省新募基金数量的 71.58%,募资金额 776.38 亿元,占全省总规模的 62.38%;宁波市的新募基金数量表现也较为突出,全年共有 77 只基金完成新一轮募集,占全省的 13.34%。值得注意的是,衢州市、湖州市本年度的平均新增资本量依旧保持领先优势,显著高于其他地市,分别达14.84亿元、10.48亿元,其余地市的平均新增资本量则均未超过3亿元(见表7-4)。这主要是由于湖州市中小企业创业投资有限公司旗下的基金湖州信创股权合伙企业(有限合伙)本年募资50.02亿元,浙江安吉两山私募基金管理有限公司旗下的安吉两山国创股权投资合伙企业(有限合伙)募资20.00亿元;衢州市也有3只募资规模超20亿元的新募集基金,募资规模合计超百亿,大幅拉高了两市2023年的平均新增资本量。

表7-4　2023年浙江省募资总量按地市分布情况

城市	新募基金数量(总数)/只	新募基金数量占比/%	新募基金数量(披露金额)/只	募资金额/亿元	募资金额占比/%	平均新增资本量/亿元
杭州市	413	71.58	413	776.38	62.38	1.88
宁波市	77	13.34	77	89.99	7.23	1.17
嘉兴市	36	6.24	36	102.55	8.24	2.85
绍兴市	12	2.08	12	17.29	1.39	1.44
湖州市	11	1.91	11	115.24	9.26	10.48
温州市	9	1.56	9	7.72	0.62	0.86
衢州市	8	1.39	8	118.75	9.54	14.84
金华市	6	1.04	6	15.66	1.26	2.61
台州市	4	0.69	4	0.74	0.06	0.19
舟山市	1	0.17	1	0.38	0.03	0.38
合计	577	100.00	577	1244.69	100.00	2.16

数据来源:清科创业(01945.HK)旗下清科研究中心。

(三)浙江省投资市场发展概况

1.股权投资机构投资浙江企业情况总量分析

2023年浙江省企业获得投资数量与全国基本一致,均呈现下降趋势,但投资规模逆势上扬。投资案例数方面,2023年,浙江省企业获得投资数量共1106起,较2022年(1126起)小幅下降1.78%,降幅显著低于全国平均水平(11.85%),占全国投资案例总数的11.78%,占比相较2022年增长1.21个百分点,位居全国第五位。投资规模方面,上述1106起投资案例中,披露交易金额的共935起,投资规模合计782.40亿元,相较2022年逆势增长7.10%,占全国投资总额的11.29%,占比较2022年提高3.24个百分点,同样位居全国第五位。

从不同类型机构投资浙江企业的情况来看,PE、VC的投资活跃度较高,PE的投资规模遥遥领先,早期投资机构的投资体量则整体较小(见表7-5)。具体来看,投资案例数方面,PE、VC的投资案例数分别为530起、441起,累计占比近九成;早期投资的投资案例数为135起,占比超一成。投资规模方面,PE高居首位,投资规模为577.14亿元,占比超七成,这主要是由于2023年浙江省十亿以上规模的15起案例中,PE有13起,投资规模合计超270亿元,大幅拉升了其投资总额。

表7-5　2023年不同类型机构投资浙江企业情况

机构类型	投资案例数 (总数)/起	比例 /%	投资案例数 (披露金额)/起	投资金额 /亿元	比例 /%
早期投资	135	12.21	111	18.14	2.32
VC	441	39.87	390	187.12	23.92
PE	530	47.92	434	577.14	73.77
合计	1106	100.00	935	782.40	100.00

数据来源:清科创业(01945.HK)旗下清科研究中心。

从与江苏省的对比情况来看,浙江省企业获得投资案例数为江苏省(1713起)的64.57%,投资规模则为江苏省(951.48亿元)的82.23%;与2022年相比,投资活跃度和投资规模的差距均有所缩小(2022年浙江省企业投资案例数、投资规模分别为江苏省水平的64.09%和66.44%)。投资规模差距的显著缩小,主要得益于大额投资案例,2023年股权投资机构对浙江省企业投资突破10亿元的案例共有15起,投资规模合计近300亿元,是江苏省的1.5倍有余。

2.股权投资机构投资浙江企业情况按地市分布分析

从地市分布来看,投资数量方面,杭州市遥遥领先,为622起,占比56.24%;宁波市、嘉兴市位居第二梯队,分别为156起、109起,分别占比14.10%、9.86%;杭州、宁波、嘉兴三城累计占比超八成。值得注意的是,除杭州、嘉兴以外,其余地市2023年的投资数量相较2022年均有所提升。投资金额方面,杭州市、宁波市表现突出,分别为314.51亿元、157.84亿元,占比分别为40.20%、20.17%,累计占比超六成(见表7-6)。此外,受大额投资案例影响,衢州、台州的投资规模相较2022年均显著提升,分别是2022年的6.30倍、3.74倍。可以看出,杭州、宁波作为浙江省发展的"双龙头",在投资机构关注度方面的优势显著;同时,在全国投资下跌的大背景下浙江省其余地市的投资热度也不断提高。

表7-6　2023年浙江省各地市企业投资总量分布

地市	投资案例数(总数)/起	比例/%	投资案例数(披露金额)/起	投资金额/亿元	比例/%
杭州市	622	56.24	532	314.51	40.20
宁波市	156	14.10	118	157.84	20.17
嘉兴市	109	9.86	99	82.05	10.49
湖州市	60	5.42	54	36.47	4.66
绍兴市	52	4.70	41	51.34	6.56
台州市	28	2.53	23	46.76	5.98
衢州市	27	2.44	25	65.39	8.36
温州市	23	2.08	21	21.01	2.68
丽水市	15	1.36	13	3.73	0.48
金华市	14	1.27	9	3.31	0.42
合计	1106	100.00	935	782.40	100.00

数据来源:清科创业(01945.HK)旗下清科研究中心。

3.股权投资机构投资浙江企业情况按轮次分布分析

从轮次分布来看,浙江省获投企业中,B轮及以前的轮次投资活跃度较高(见表7-7)。具体来看,投资数量方面,2023年,天使轮、Pre-A轮、A轮和B轮的投资案例数分别为212起、119起、375起、150起,累计占比77.40%,累计占比相较2022年进一步提升1.47个百分点。投资金额方面,天使轮、Pre-A轮、A轮和B轮的投资金额分别为48.43亿元、29.78亿元、234.17亿元、106.86亿元,累计占比53.58%,累计占比与2022年整体持平。其中,A轮和B轮的投资规模分别位居第一位、第三位,优势显著。可以看出,"投早、投小"依旧是投资机构对浙江省企业投资的主要偏好。

表7-7　2023年浙江省企业投资轮次分布

轮次	投资案例数（总数）/起	案例数占比/%	投资案例数（披露金额）/起	投资金额/亿元	金额占比/%
天使轮	212	19.17	177	48.43	6.19
Pre-A	119	10.76	107	29.78	3.81
A	375	33.91	300	234.17	29.93
B	150	13.56	136	106.86	13.66
C	68	6.15	59	83.03	10.61
D	13	1.18	13	10.08	1.29
E及E轮之后	64	5.79	59	120.52	15.40
老股权转让	16	1.45	15	62.39	7.97
新三板定增	10	0.90	10	1.72	0.22
战略投资	61	5.52	41	30.17	3.86
上市定增	18	1.63	18	55.25	7.06
合计	1106	100.00	1009	782.40	100.00

数据来源：清科创业(01945.HK)旗下清科研究中心。

4.股权投资机构投资浙江企业情况按行业分布分析

从行业分布来看,浙江省获得投资的企业在行业分布上呈现出显著的阶梯特征,集成电路、生物医药、软件与信息技术、高端制造、新材料、精细化工与复合材料等前沿科创领域的投资表现亮眼。

投资案例数量方面,半导体及电子设备、生物技术/医疗健康、IT行业的投资案例数位居第一梯队,分别为264起、220起、207起,占比分别为23.87%、19.89%、18.72%;机械制造行业处于第二梯队,投资案例数突破百起,为114起,占比10.31%;清洁技术、化工原料及加工行业的表现也较好,位居第三梯队,投资案例数分别为77起、75起,占比分别为6.96%、6.78%。上述六个行业的投资案例数累计占比达86.53%,占比相较2022年提升4.03个百分点;其余行业的投资案例数则均未超过50起(见表7-8)。

投资规模方面,半导体及电子设备行业高居首位,投资金额为214.51亿元,占比27.42%;受多起大额案例影响,汽车行业的投资规模跻身第二位,为140.18亿元,占比17.92%;生物技术/医疗健康行业紧随其后,投资规模为132.53亿元,占比16.94%。此外,清洁技术、IT、机械制造行业表现也较好,投资规模分别为99.55亿元、64.22亿元、43.19亿元,累计占比26.45%。值得注意的是,2023年浙江省汽车行业规模表现亮眼,主要是有3起投资规模突破20亿元的事件,分别为浙江极氪智能科技有限公司获得股权投资机构参投金额约53.05亿元、浙江吉利远程新能源商用车集团有限公司获得股权投资机构参投金额约37.59亿元、智马达汽车有限公司获得3亿美元投资,三者合计占汽车行业投资总规模的约八成。

可以看出,浙江省"315"科技创新体系建设成就斐然,三大科创高地和十五大战略领域对社会资本的吸引力有所提升。

表7-8 2023年浙江省获股权投资企业的行业分布

行业	投资案例数（总数）/起	案例数占比/%	投资案例数（披露金额）/起	投资金额/亿元	金额占比/%
半导体及电子设备	264	23.87	221	214.51	27.42
生物技术/医疗健康	220	19.89	190	132.53	16.94
IT	207	18.72	181	64.22	8.21
机械制造	114	10.31	95	43.19	5.52
清洁技术	77	6.96	69	99.55	12.72
化工原料及加工	75	6.78	61	26.43	3.38
互联网	42	3.80	29	9.71	1.24
汽车	24	2.17	20	140.18	17.92
食品&饮料	19	1.72	15	6.11	0.78
连锁及零售	16	1.45	13	3.22	0.41
娱乐传媒	7	0.63	6	1.38	0.18
能源及矿产	7	0.63	6	4.82	0.62
金融	6	0.54	5	2.22	0.28
建筑/工程	6	0.54	6	1.01	0.13
电信及增值业务	5	0.45	4	0.80	0.10
房地产	4	0.36	4	6.63	0.85
其他	4	0.36	3	24.27	3.10
农/林/牧/渔	3	0.27	2	0.29	0.04
教育与培训	2	0.18	2	1.10	0.14
物流	2	0.18	1	0.01	0.00
纺织及服装	2	0.18	2	0.22	0.03
合计	1106	100.00	1009	782.40	100.00

数据来源:清科创业(01945.HK)旗下清科研究中心。

5.浙江省股权投资机构投资浙江企业情况分析

从浙江省投资机构投资省内企业的情况来看:2023年,浙江省投资机构共对省内企业投资518起[①],投资金额合计208.41亿元,占全省企业本年度获得投资总规模(782.40亿元)的26.64%,占比相较2022年提升8.80个百分点。

从行业分布来看,浙江省投资机构对省内半导体及电子设备、生物技术/医疗健康、IT、机械制造行业的投资活跃度显著高于其余行业,投资案例数分别为134起、95起、83起、71起,累计占比超七成;其中半导体及电子设备行业的投资规模位居首位,为60.22亿元,占比近三成。此外,受大额案例影响,汽车、房地产、清洁技术行业的投资规模也较大,分别为45.06亿元、22.70亿元、21.86亿元,累计占比超四成(见表7-9)。

从轮次分布来看,A轮获得浙江省投资机构的关注最多,投资案例数为178起,占比34.36%,投资规模为65.56亿元,占比31.46%;天使轮、B轮、Pre-A轮的投资案例数表现也较好,分别为95起、78起、51起,累计占比超四成;E及E轮之后的投资规模则位居第二位,为48.10亿元,占比23.08%(见表7-10)。

可以看出,浙江省股权投资机构对省内企业关注度不断提升,资金投入不断提升,投资省内企业规模占比近年来有所增加;且对于省内集成电路、生物医药、软件和信息技术等产业的关注度"高企不下",为省内科创领域企业的发展"锦上添花"。

表7-9　2023年浙江省股权投资机构投资浙江省企业行业分布

行业	投资案例数(总数)/起	案例数占比/%	投资案例数(披露金额)/起	投资金额/亿元	金额占比/%
半导体及电子设备	134	25.87	92	60.22	28.89
生物技术/医疗健康	95	18.34	72	15.75	7.56
IT	83	16.02	62	11.72	5.62
机械制造	71	13.71	55	11.84	5.68
清洁技术	47	9.07	38	21.86	10.49
化工原料及加工	33	6.37	23	12.21	5.86

① 如有N家机构在同一时间投资同一企业,记为N起投资事件。

续表

行业	投资案例数（总数）/起	案例数占比/%	投资案例数（披露金额）/起	投资金额/亿元	金额占比/%
互联网	16	3.09	12	2.92	1.40
汽车	11	2.12	8	45.06	21.62
食品&饮料	5	0.97	3	0.22	0.10
娱乐传媒	4	0.77	3	0.37	0.18
建筑/工程	4	0.77	3	1.40	0.67
连锁及零售	3	0.58	3	0.95	0.46
电信及增值业务	3	0.58	1	0.20	0.10
农/林/牧/渔	2	0.39	1	0.26	0.12
能源及矿产	2	0.39	2	0.20	0.10
房地产	2	0.39	1	22.70	10.89
金融	2	0.39	2	0.30	0.14
其他	1	0.19	1	0.23	0.11
合计	518	100.00	382	208.41	100.00

数据来源:清科创业(01945.HK)旗下清科研究中心。

表7-10　2023年浙江省股权投资机构投资浙江省企业轮次分布

轮次	投资案例数（总数）/起	案例数占比/%	投资案例数（披露金额）/起	投资金额/亿元	金额占比/%
天使轮	95	18.34	72	23.47	11.26
Pre-A	51	9.85	48	3.92	1.88
A	178	34.36	121	65.56	31.46
B	78	15.06	60	23.37	11.21
C	28	5.41	18	9.94	4.77
D	3	0.58	1	0.50	0.24
E及E轮之后	30	5.79	25	48.10	23.08
老股权转让	6	1.16	5	23.10	11.08
新三板定增	10	1.93	10	1.24	0.59
战略投资	37	7.14	20	7.76	3.72
上市定增	2	0.39	2	1.45	0.70
合计	518	100.00	382	208.41	100.00

数据来源:清科创业(01945.HK)旗下清科研究中心。

(四)浙江省退出市场发展概况

1.浙江省退出总量分析

受市场环境影响,2023年全国和浙江省退出案例均有所减少,且浙江省退出案例下降幅度高于全国平均水平。具体来看,2023年,浙江省共发生退出案例356起,较2022年下降19.64%(全国下降幅度为9.60%),占全国退出案例数的9.02%,占比较2022年小幅下降1.13个百分点。

从不同类型机构退出浙江被投企业情况来看,PE和VC表现最好,退出案例数分别为171起、161起,累计占比超九成;早期投资机构的退出案例数仅有24起,占比不足一成(见表7-11)。

表7-11　2023年不同类型机构退出浙江被投企业情况

机构类型	退出案例数/起	比例/%
早期投资机构	24	6.74
VC	161	45.22
PE	171	48.03
合计	356	100.00

数据来源:清科创业(01945.HK)旗下清科研究中心。

从与江苏省对比的情况来看,浙江省的退出案例数为江苏省的73.86%,相较2022年差距有所缩小(2022年浙江省退出案例数是江苏省的68.47%)。浙江省和江苏省在退出市场上的表现差异主要体现在股权转让退出、回购退出方面,两省的IPO退出案例数差距较小(浙江省IPO退出案例数约为江苏省的近八成水平),但浙江省的股权转让、回购退出案例数仅为江苏省的五成水平。

2.浙江省投资机构退出方式分析

与2022年相比,2023年A股新股发行节奏阶段性放缓,IPO退出在浙江省退出市场中占比进一步下降;并购退出占比基本保持平稳,股权转让退出、回购退出占比均有所提升。2023年,在浙江省的356起退出案例中,IPO退出的案例数为204起,占比为57.30%,占比相较2022年下降超4个百分点;回购退出和并购退出的案例数分别为96起和42起,占比分别为26.97%和11.80%,占比较2022年分别增长4.17个百分点和1.41个百分点

（见表7-12）。可以看出，尽管IPO退出占比持续走低，但IPO退出仍然是股权投资机构退出浙江省被投企业的主要选择，占绝对优势地位，同时股权投资机构退出浙江省被投企业的方式也渐趋丰富。

表7-12　2023年浙江省投资机构退出方式分布情况

退出方式	退出案例数/起	比例/%
IPO	204	57.30
回购	96	26.97
并购	42	11.80
股权转让	14	3.93
合计	356	100.00

数据来源：清科创业（01945.HK）旗下清科研究中心。

3.浙江省退出行业分布分析

从退出行业分布来看，2023年浙江省退出案例主要集中在半导体及电子设备行业、清洁技术行业、生物技术/医疗健康行业，退出案例数分别为74起、71起、65起，累计占比近六成；IT、化工原料及加工、机械制造行业的退出表现也较好，均突破20起（见表7-13）。值得注意的是，清洁技术行业备受青睐，退出案例数是2022年（9起）的7.89倍，占比为19.94%，占比较2022年增长17.91个百分点。

当前，浙江省聚力发展"315"科技创新体系和"415X"先进制造业集群，新兴产业在浙江省具有巨大的增长潜力和市场空间，绿色低碳、集成电路、医药健康、精细化工等领域迎来更多的发展机遇，同时也给投资机构带来更多的可能。

表7-13　2023年浙江省投资机构退出行业分布情况

行业	退出案例数/起	比例/%
半导体及电子设备	74	20.79
清洁技术	71	19.94
生物技术/医疗健康	65	18.26
IT	26	7.30
化工原料及加工	23	6.46
机械制造	23	6.46

续表

行业	退出案例数/起	比例/%
互联网	19	5.34
汽车	14	3.93
物流	6	1.69
娱乐传媒	6	1.69
金融	6	1.69
食品&饮料	5	1.40
建筑/工程	4	1.12
连锁及零售	4	1.12
电信及增值业务	3	0.84
其他	3	0.84
农/林/牧/渔	2	0.56
房地产	1	0.28
纺织及服装	1	0.28
合计	356	100.00

数据来源：清科创业（01945.HK）旗下清科研究中心。

三、浙江省股权投资业发展趋势分析及政策建议

（一）浙江股权投资业发展趋势分析

1.围绕产业升级发展方向，国资管理人踊跃设立多只大额基金，积极性或将进一步提升

2023年，浙江省共有577只基金完成新一轮募集，募资规模1244.69亿元，其中国资管理人管理的基金共有135只，募资规模合计734.96亿元，占比分别为23.40%、59.05%，占比相较2021年分别增长5.78个百分点、37.86个百分点，相较2019年分别增长14.43个百分点、46.07个百分点，国资管理人在募资市场上的活跃度不断提升。

2023年，浙江省国资管理人在大额基金设立上尤为活跃。2023年浙江省募资规模超过20亿元的大额基金共有16只，其中共有12只基金由国资背景管理人管理，占比75.00%。具体来看，国资管理人管理的12只基金中

不乏围绕浙江省产业升级、共同富裕等发展方向而设立的专项基金。例如，杭州城创投资管理有限公司管理的杭州城投产业发展投资合伙企业（有限合伙）投资了工业数字化和智能化领域、数字身份物联网一体化领域；还有根据《浙江省"415X"先进制造业集群建设行动方案（2023—2027年）》和组建浙江省"415X"产业集群专项基金的战略部署，衢州市国资信安资本管理有限公司设立重点投资高端新材料等方向的衢州绿石新材料股权投资合伙企业（有限合伙），杭州和达投资管理有限公司设立重点投向生物医药与高端器械产业的杭州钱塘和达大健康创业投资基金合伙企业（有限合伙）；以及聚焦浙江省"415X"先进制造业集群，同时为加快构建嘉兴市"135N"产业体系新格局，嘉兴长投创业投资有限公司设立了浙嘉产装高端装备股权投资（嘉兴）合伙企业（有限合伙），该基金主要围绕节能与新能源汽车及零部件产业、机器人与数控机床产业、节能环保与新能源装备产业、智能电气、高端船舶与海工装备等领域进行投资。此外，为探索以基金方式服务共同富裕示范区建设，衢州市国资信安资本管理有限公司设立衢州高质量发展股权投资合伙企业（有限合伙），重点支持重大招引项目和富民工程等。

近年来，浙江省着力重塑制造业政策体系，加快构建以"415X"先进制造业集群为主体的现代化产业体系，打造全球先进制造业基地，为中国特色社会主义共同富裕先行和省域现代化先行夯实物质基础。产业的升级转型及格局重塑，离不开国有资本的"龙头"带领作用。国资管理人积极入场，踊跃设立一系列与浙江省政府产业发展政策紧密相连的产业基金，不仅有助于浙江省"415X"产业集群的形成和壮大，同时能够吸引市场化资本与其合作，多方通力合作对产业集群的多元化、可持续发展可以起到有效的推动作用。未来，国资管理人在募资市场中的积极性或将进一步提升，在产业基金、专项基金等板块扮演不容忽视的"主力"角色。

2.培育新质生产力，释放强劲发展动能，"315"科技创新体系、"415X"先进制造业集群将成为股权投资市场长期的焦点

浙江省锚定新定位，扛起新使命，全力在以科技创新塑造发展新优势上走在前列，牢牢把握高质量发展的首要任务，因地制宜发展新质生产力。当前，浙江省着眼于培育新质生产力，释放强劲发展动能，把发展特色优势产业和战略性新兴产业作为主攻方向，深入实施数字经济创新提质"一号发展

工程"，推动"315"科技创新体系与"415X"先进制造业集群高效融合，加快构建以数字经济为核心的现代化产业体系。浙江正加快提升十大省实验室、十大省技术创新中心建设质效，以关键共性技术、前沿引领技术、现代工程技术、颠覆性技术创新为突破口，努力推动从"0到1"的原创性突破、从"1到10"的产业化突破、从"10到1000"的全链条突破。在增强科技创新驱动力的努力下，浙江省新质生产力培育取得了亮眼成就。2023年，浙江省"415X"先进制造业集群贡献了浙江省规上工业营收的七成，核心区、协同区贡献了投资增量的八成、工业增量的九成。浙江省全年规上工业增加值增长6％，制造业投资增长14.1％。

浙江省科技创新实力的增长和创新能力的跃升，离不开投资市场的扶持；新质生产力行业吸引了大多数资金涌入，行业投资规模不断增长。2023年，浙江省半导体及电子设备、生物技术/医疗健康、IT、机械制造、清洁技术、化工原料及加工、互联网、汽车等与战略性新兴产业休戚相关的行业共获得1023起投资，占浙江省2023年投资总案例数的92.50％，占比相较2022年增长1.91个百分点，相较2021年增长7.97个百分点，相较2019年增长15.31个百分点；投资规模合计730.32亿元，占浙江省2023年投资总规模的93.34％，占比相较2022年增长1.81个百分点，相较2021年增长6.19个百分点，相较2019年增长40.85个百分点。可以看出，浙江省建设高水平创新型省份和科技强省迈出坚实步伐，并且已逐渐向领域细分化、技术尖端化的方向不断前进。未来，在"315"科技创新体系与"415X"先进制造业集群进一步融合的进程下，浙江省相关战略领域或将成为股权投资市场长期的焦点。

3.股权投资和创业投资份额转让试点工作不断推进，布局完善私募股权退出机制，S基金市场或将迎来进一步发展

经历前几年股权投资行业的快速发展，目前主流的IPO、并购重组、股权转让、回购退出等传统的退出路径远远不能满足现有私募股权基金存量规模的退出需求，畅通退出渠道刻不容缓；这催化了国内私募股权基金二级市场的发展，私募基金份额转让交易成为新的退出路径选择。为引导中国私募股权基金二级市场的规范有序发展，畅通私募股权基金份额流转，国家和地方各层面积极出台多项鼓励政策，我国S基金市场迎来发展窗口期。2020年12月和2021年11月，中国证监会先后批复同意在北京、上海开展私

募股权和创业投资份额转让试点工作,北京、上海率先成为拥有国内S基金公开交易平台的城市。2022年9月,中国证监会市场监管二部主任在2022年全球PE论坛上表示,私募股权创投基金份额转让试点取得初步成效,下一步会深化份额转让改革试点工作,包括研究扩大私募基金份额转让试点范围、大力培育专业化的私募股权二级市场机构投资者、鼓励私募股权二级市场引入优质中介机构、完善私募股权二级市场生态体系等。

份额转让受地方政府高度重视,获得大力支持,浙江积极加入。2023年6月,中国证监会正式批复同意在浙江区域性股权市场开展股权投资和创业投资份额转让试点。2023年11月,浙江省地方金融监督管理局、浙江省财政厅、国家税务总局浙江省税务局等六部门联合印发《关于推进股权投资和创业投资份额转让试点指导意见的通知》(以下简称《指导意见》),该意见包括八项主要内容:支持国有基金开展份额转让试点、建立基金份额登记托管和出质服务体系、建立基金份额登记及变更的对接机制、支持设立私募股权二级市场基金、强化基金份额转让的税收政策保障、完善份额转让平台服务支持体系、完善创业投资企业培育体系、鼓励各类机构参与份额转让试点。《指导意见》强调以杭州、宁波为核心试点城市推进份额转让试点工作,建立与私募股权投资市场相适应的报价转让系统与机制,在杭州率先探索设立专业化的私募股权二级市场基金,打造规范高效、公信力强的区域性股权投资和创业投资份额转让市场。

此前,杭州、温州两地已积极规划布局S基金市场发展。2021年12月,《杭州市深入推进经济高质量发展"凤凰行动"计划(2021—2025年)》正式发布,指出要研究创建以科创股权为重点的私募基金份额报价转让平台,探索开展私募股权二级市场转让试点,鼓励社会资本发起设立股权转受让基金,提升私募股权市场的活跃度和流动性,夯实多层次资本市场底层基础。2023年6月,《温州市加快基金业集聚促进股权投资高质量发展若干措施》印发,提出要支持股权转受让基金(S基金)市场创新发展,推进市场化S基金母基金设立,对在温州设立并在中国证券投资基金业协会登记备案的S基金,按照其对温州市产业发展的贡献度,给予相应的支持政策;同时加快对接S基金领域头部机构,合作探索建立基金份额估值体系。

份额转让作为基金退出方式之一,是对常规退出方式(如IPO等)的有力补充,有利于推动更多基金参与到服务科创企业的"接力跑"中,实现对科技创新的长周期支持。当前,国内S基金市场正处于发展窗口期,市场交易量的增长也要求中介市场的快速成长,专业份额转让平台的建设有利于交易突破关键节点,助力行业向上发展。在多方积极政策的推动下,未来浙江省S基金市场将会进一步向规范化、优质化、成熟化的方向成长。

(二)浙江股权投资业发展问题及政策建议

1.民营机构募资体量有所收缩,建议进一步发挥浙江民营经济独特优势,盘活民间资本促进资本市场平稳发展

民营经济是推进中国式现代化的生力军,也是地方经济稳进向好的关键、有力支撑。浙江省是我国民营经济大省,也是民营经济强省。浙江省民营经济优势明显。截至2023年底,民营经济创造了浙江67.2%的生产总值、71.7%的税收、80.2%的进出口、87.5%的就业、96.9%的市场经营主体。2024年1月,浙江省工商联发布的《2023浙江省上规模民营企业发展报告》显示:2023年,浙江省共有1860家企业进入上规模民企①行列,较上一年增加473家,数量居全国第一;62.7%的企业营收同比增长,86.93%实现盈利。其中108家上榜"2023中国民营企业500强",上榜企业数量连续25年位居全国之首。

从股权投资市场来看,浙江省民营机构参与度相对较高,但近几年略有下滑。浙江省民营投资机构的募资活跃度及募资体量持续走低,募集资金规模下滑幅度较大。2023年浙江省民营机构共有442只基金完成新一轮募集,较2022年减少10只,较2021年减少21只,募集数量占比为76.60%,与2022年基本持平,较2021年减少5.78个百分点;涉及募资规模合计509.73亿元,略高于2022年,较2021年下降34.56%,募资规模占比下滑至40.95%,较2022年下降13.30个百分点,较2021年下降37.86个百分点。

民营经济是浙江发展的金名片,是浙江经济的最大特色和最大优势。2023年,受复杂的外部环境影响,中国股权投资市场整体延续下行态势,浙江省股权投资市场募资和投资规模均逆势上扬,但其中民营机构的募资规

① 根据浙江省人民政府网站定义,上规模民营企业指的是上一年度营收(含主营业务和其他业务收入、境内和境外收入)5亿元(含)以上的民营企业。

模占比下滑幅度明显。在此背景下,为了更好地促进浙江股权投资行业平稳发展,应进一步发挥浙江省民营经济独特优势,使民间资本积极参与到股权投资市场中来,缓解民营企业募资难现状。其一,鼓励浙江上市企业、行业龙头企业等民营企业作为LP(有限合伙人)投资本地股权投资基金,鼓励其设立股权投资机构和基金,活跃本地股权投资市场。其二,加强政府资金和社会资本合作,充分发挥市场机制作用,优选民营企业参与,带动更多民营主体参与进来。

2.集成电路产业链协同创新如火如荼,急需资金持续扶持,建议加强与国家大基金、央企基金合作,壮大集成电路产业生态圈

集成电路是支撑国家经济社会发展和保障国家安全的战略性、基础性和先导性产业,是引领新一轮科技革命和产业变革的关键力量,已成为实现科技强国、产业强国的关键之一。浙江省出台了多项政策,培育集成电路标志性产业链,形成了以集成电路设计和特色工艺制造为引领的产业体系,规划打造集成电路千亿级标志性产业链和产业集群。近年来浙江省集成电路产业建设取得了斐然成就,《2023年浙江省集成电路产业发展报告》(以下简称《报告》显示,2022年浙江省集成电路产业实现销售总收入2044.83亿元,同比增长42.45%,占长三角产值比重由2021年的18.09%提高到2022年的21.04%。

浙江省集成电路产业链协同创新如火如荼,各细分领域均发力,实现增长。《报告》显示,设计业方面,2022年浙江省集成电路设计业销售收入规模首次迈上600亿元台阶,总规模达620.12亿元,同比增长50.6%。其中,杭州市集成电路设计业贡献了全省约84%的份额,产业规模位列全国第四。材料业方面,材料业是浙江省集成电路产业最大的单一细分领域,2022年在全球半导体行业呈收缩的情况下依旧保持强劲增长态势。制造业方面,2022年浙江省晶圆制造业共有两条全流程12寸特种工艺制造线先后建成并开通试生产,填补了省内空白。

建议浙江省保持集成电路设计业、材料业快速增长的强劲势头,同时注重产业链协同效应,积极培育晶圆制造业,进一步规划、完善产业链建设。当前,继2014年、2019年两期基金的成功设立,国家大基金于2024年正式设立三期基金,旨在引导社会资本加大对集成电路产业的多渠道融资支持,

重点投向集成电路全产业链。建议浙江省抓住机遇,加强与国家大基金、央企基金合作,搭上"国家队列车",推动集成电路晶圆制造业快速进步,高效能、高水平激发浙江省集成电路产业活力,培育壮大集成电路产业生态圈。

3.IPO退出疲软,并购成为重要的退出渠道,应积极探索并购重组"组合拳",进一步畅通退出渠道

随着行业监管的逐步健全以及各类资本的有序入局,行业合规性要求以及市场LP的差异化诉求均有所增加,机构面临的要求随之升级,市场挑战进一步提升;叠加2023年A股新股发行节奏阶段性放缓,IPO进一步收紧,私募股权投资基金IPO退出受阻。在此背景下,政府大力鼓励上市公司开展并购,鼓励上市公司设立并购基金,上市公司通过设立基金实现产业端整合迎来新的机会。

2023年,监管部门出台多项政策,助力并购市场发展。2023年2月,证监会修订发布了《上市公司重大资产重组管理办法》,将审核权由证监会转移至交易所,沪深交易所同步发布《上市公司重大资产重组审核规则》;8月,证监会提出适当提高对轻资产科技型企业重组的估值包容性、优化完善"小额快速"等审核机制、出台上市公司定向发行可转债购买资产的相关规则、推动央企加大上市公司并购重组整合力度等多项举措;10月,新修订的《公开发行证券的公司信息披露内容与格式准则第26号——上市公司重大资产重组》正式发布;11月,《上市公司向特定对象发行可转换公司债券购买资产规则》推出。可以看出,资本市场并购重组改革持续深化,科技型企业被并购当下正迎来政策利好。

2023年,在A股阶段性收紧IPO节奏的影响下,IPO退出疲软,投资机构转而寻求其他退出渠道,带动股权转让、回购等多种退出方式热度提升。浙江省也不例外,2023年浙江省IPO退出共204起,占全省退出总量的57.30%,占比相较2022年下降4.32个百分点;回购退出、并购退出分别为96起、42起,占比分别为26.97%、11.80%,占比相较2022年分别增长4.17个百分点、1.41个百分点。

建议浙江省在持续推进、深化"凤凰行动"计划的同时,紧跟监管部门节奏,聚力推进省内企业并购重组,做好科技型企业并购重组服务、扶持工作。其一,制定和完善并购重组相关政策,鼓励企业通过并购重组实现资源整

合;其二,鼓励依法设立的并购基金、股权投资基金、创业投资基金、产业投资基金等投资机构参与上市公司并购重组。通过完善并购重组政策、鼓励参与并购重组交易,退出路径多元化可能性提升,浙江省退出渠道有望拓宽、畅通。

(本报告由浙江省股权投资行业协会提供)

金融热点问题研究

第八章 2023年度宁波市普惠金融改革试验区发展报告

　　2023年,宁波市重点围绕"四个全覆盖"目标,全力提升金融服务质效,各项工作取得明显成效。截至2023年末,全市普惠小微贷款余额同比增速连续22个月居全省第一,贷款加权平均利率创历史新低。"甬金通"建设成果受到浙江省委常委、常务副省长和中央改革办协调局肯定;数字普惠平台相关做法入选《中国数字金融创新发展报告(2023)》。多项创新工作被《中国金融》《金融时报》等刊物和媒体刊载宣传。

一、科技赋能,数字普惠生态圈提档升级

　　1.加快构建"甬金通"数智金融大脑。平台连接36个部门,汇集工商、司法、财务、信用等46.3亿条数据,提供各机构调用数据信息3.09亿余次。已有应用场景25个,注册用户量突破24万,访问量突破224万,21家金融机构使用金融主题库数据赋能产品26个,累计授信达27.6亿元。

　　2.迭代升级普惠金融信用信息服务平台。归集替代数据23亿条,接入76家机构,其中65家银行贷前必查,累计查询量达1539.5万次;使用线上融资对接、智能获客、风险预警的机构分别有47家、25家、47家。25家银行建模27个,4家银行开发4款全线上纯信用贷款产品,实现线上快速申贷、用贷。

　　3.数字生态图谱不断优化。2023年为小微企业及个体工商户减免支付手续费4.6亿元。累计发行加载交通一卡通应用的第三代金融社保卡236.5万张。落地高速公路等多个全省首例应用场景,以及港航物流、农民工工资

监管等特色创新场景。持续优化"金玉满堂"金融知识宣传教育APP的功能和界面,截至2023年末,注册会员增至5.4万人,累计阅读量163万次。

二、重点突破,融资畅通工程取得新进展

1.小微金融服务质效持续提升。实施"信用融资破难"、新一轮"首贷户拓展专项行动"、"走万企 提信心 优服务"、"金融助个体"等专项行动,推广"贷款码"应用,增加首贷、信用贷和无还本续贷。2023年全市普惠小微贷款、小微企业信用贷款分别新增1620亿元、363.8亿元,同比多增383.7亿元、85.2亿元。小微企业首贷户累计拓展1.8万家,授信602.6亿元;全年普惠小微企业贷款加权平均利率4.8%,创历史新低。

2.民生领域信贷支持不断加强。全年发放创业担保贷款6.5亿元,扶持1618人创业,带动5335人就业。累计为3584家退役士兵和军转干部创办或持股企业发放贷款超过600亿元。银行机构推出"消费+场景信用贷""安居贷",创新按揭灵活还款方式。做好2023年国家助学贷款免息及本金延期偿还工作,推进高等教育生源地助学贷款扩面试点。

3.乡村振兴金融服务持续优化。2023年全市新增涉农贷款1767亿元,同比多增542.6亿元。推广农村资产抵(质)押融资业务,加大土地承包经营权、海域使用权、林权、股份经济合作社股权等农村产权抵(质)押产品推广力度,探索开展村集体经济组织建档立卡和资产负债融资表融资模式试点。实现国债销售全市83个乡镇全覆盖,全年农村地区累计销售储蓄国债7.1亿元,同比增长6.5%。

三、均衡发展,全面优化金融生态环境

1.提升全民金融素养。面向农户,在50个行政村建立"一村一金融顾问"联系机制,对接21个偏远乡镇,将金融知识送达"最后一公里"。面向老年人,开展4期老年人金融素养跟踪调查;推广《老年人金融一本通》读物和相关视频,帮助老年人远离金融诈骗。面向青少年,在200多所中小学开设"金融知识小课堂";联合高校、公安重点向大一新生和毕业生普及反诈知识。面向弱势群体,联合市残联、甬爱e家外卖骑手、市政设施中心向残疾

人、外卖骑手、市政工人等普及金融知识。

2.推进信用体系建设。全市企业查询网点由8个增至426个、个人查询网点由158个增至566个。积极推进农村信用体系建设，累计获评省级信用县1个、信用乡镇14个、信用村63个；为155.7万农户建立信用档案，评定信用农户128.1万户。

3.强化消费者金融权益保障。持续提升12363热线的规范化、专业化水平。全年妥善处理咨询8983起、投诉1265起。让金融纠纷多元化解机制建设走深走实，优化调解员队伍结构，深化金融"共享法庭"建设，探索形成金融消费纠纷"四调"工作法。全年成功调解642起，涉及金额1.0亿元。

四、内外兼修，金融开放包容性显著提升

1.深化汇率避险"首办户"拓展行动。全面升级财政补助办法，对"首办户"和"常办户"予以定额财政补助，扶持政策精准直达小微企业。推动银行开发纯信用、无抵押的汇率避险产品，为小微企业推出"期权一元购"活动，让汇率避险更便宜。

2.扩大贸易外汇收支便利化试点覆盖面。向银行推送优质中小专精特新企业名单611家次，创新"线上指标筛选＋线下集中核实"工作机制，帮助银行破解中小优质企业筛选难题。参与试点的优质中小企业、民营企业家数量占比较2022年末分别提高4个、3个百分点。办理境内运费外汇支付便利化业务6.6万笔、金额达70亿元，受惠市场主体超八成为中小企业。

3.保险改革创新增益领跑。落地"甬宝保"托育机构综合险等创新项目23个，全国首创农业品质保险，推广"天一甬宁保""甬学保""灵活保""稳业保"等普惠保险，宁波"保险＋维权＋服务"模式入选全国首批知识产权质押融资及保险典型案例。

（本报告由中国人民银行浙江省分行提供）

第九章 2023年度丽水市普惠金融服务乡村振兴改革试验区改革进展报告

一、立足机制建设，多举措保障试验区建设有序实施

一是推动市委、市政府完善市、县两级组织领导机制。市级层面，建立了市政府主导、金融办与人民银行双牵头的专班机制。县级层面，结合机构改革建立动态组织领导机制。二是研究细化省、市、县三级改革方案。浙江省政府印发试验区实施方案，丽水市委、市政府印发试验区2023年工作要点，县域全部制定行动方案和县域第一批重点创新任务清单。三是编制试验区十大标志性改革任务清单，并研究确定了各项任务的具体创新举措、工作目标、责任单位。四是建立考核督查及劳动竞赛机制。推动市委、市政府将普惠金融服务乡村振兴改革工作列入对各县（市、区）、各金融机构的考核范围，联合丽水市总工会开展普惠金融服务乡村振兴改革劳动竞赛。

二、立足生态发展，推进绿色普惠金融创新

一是持续深入推进金融支持生态产品价值实现创新。创新"取水贷"，实现水资产可抵押、水经济可融资，相关工作得到水利部肯定，获评"全国十大基层治水经验"。创新"不动产＋生态价值"融资服务模式，实现生态资产增值、抵押、变现，已在松阳、缙云成功落地。组织金融机构创新构建了以企业为主体的生态信用指标体系和评定机制，并从准入门槛、利率、额度等维度激励生态信用等级高的企业，初步构建形成了个人、行政村、企业三位一体的生态信用体系。二是推进林业碳汇金融创新。全面启动气候投融资试

点,联动丽水市获批的全国首批林业碳汇试点,开发上线浙江省(丽水)林业碳汇交易平台、组建"两山合作社",建立林业碳汇收储开发机制、推进"零碳网点""零碳会议"等碳汇运用场景建设,组织金融机构创新推出了以林业碳汇收益权为质押物的"浙丽林业碳汇贷",打通林业碳汇价值实现、林业碳汇收储开发融资的金融通道。

三、立足区域经济特色,推进数字普惠金融创新

一是围绕在外丽水人创业特点,建设运营"两小"创业通平台。截至2023年12月末,平台试点合作银行机构达11家,覆盖国有银行、股份制银行、城商行和法人银行机构;"两小"创业通平台注册用户达25819户,覆盖全国31个省区市。二是围绕新型农业经营主体发展要求,创建新型农业经营主体信用信息服务平台。开展新型农业经营主体信用信息采集,运用丽水市信用信息服务平台开发专门模块实现电子建档、共享查询,提升茶叶、高山蔬菜、水果、食用菌等特色产业主体金融可得性。

四、立足强村富民,推进共富普惠金融模式创新

一是创新建立金融支持青年发展型城市建设服务体系。出台《金融支持青年发展型城市建设意见》,安排再贷款、保险保障、外汇扶持、风险补偿等政策,组织金融机构创新推出"青年初创数智贷""青年电商贷"等专属金融产品,助力在丽青年创新创业。二是创新金融支持"共富工坊"模式。建立共富金融联络员机制,选派驻村指导员,引入产业项目,开展银村对接,大力推动特色金融产品创新。三是创新金融支持"强村公司"模式。创建"强村公司金融指导员"机制,提供项目发展建议、项目融资对接、融资方案设计等"融智"支持。四是获批开展"财政金融助力扩中家庭项目"省级试点。全面启动辖内缙云县、景宁畲族自治县获批的"财政金融助力扩中家庭项目"省级试点,建立对低保边缘户到家庭年可支配收入10万元区间家庭的财政金融支持机制。五是深化"政银保"提低服务模式。深入推进保费"零"负担、保障全覆盖、结算一站式的低收入农户统筹健康保险,实现低收入农户

投保覆盖率100%,有效构筑了低收入农户"因病因残致贫返贫"的金融防线。

五、立足服务水平提升,推进多元化金融业态建设

一是创新农村产权抵押融资机制。结合辖内松阳县、庆元县获批的农村集体经营性建设用地入市改革试点,创新破题农村集体经营性建设用地使用权抵押贷款。结合云和雪梨国家地理标志证明商标、庆元甜橘柚地理标志证明商标,创新推出国家地理标志质押贷款。二是创新政府性融资担保服务机制。全市政府性融资担保机构一体化改革全面完成,实现9县(市、区)全覆盖,成为浙江省首个完成政府性融资担保市域一体化的地级市。对接共富工坊、青年创业、新农人等客群,创新出台《政银担合作专项试点实施方案》,建立"见贷即保、见保即贷"和差别化风险代偿机制。三是深化农村信用体系建设。深入推进信用户、信用村、信用乡镇评定,通过"整体批发、无感授信、有感反馈"开展农户信用贷款投放,实现符合条件农户3万元以上信用贷款授信覆盖率100%。四是创新农业保险体系。有序推进获批的全省首批巨灾保险试点,创新推出高标准农田建设工程质量保证保险、生猪"保险＋期货"等保险产品。

六、立足城乡统筹,推进基础金融服务创新

一是围绕金融服务农村"最后一公里"高标准推进乡村振兴金融服务站建设。结合乡村振兴背景下农村金融需求,通过功能叠加、合作共建高标准推进服务站建设。截至2023年12月末,全市建成集小额取款、代理转账缴费、小额人民币兑换等功能于一体的标准化农村金融服务站1057个、示范站点158个。二是围绕城乡居民金融素养提升和消费者保护创新推进金融知识教育普及工程。推进金融知识纳入国民教育体系创新。与中国金融教育发展基金会等机构以及市县教育部门共同实施浙江丽水"星海计划·金育工程",探索形成"银行＋学校"的学生受教、教师赋能新模式,基本实现9县(市、区)中小学校全覆盖。三是围绕老龄化社会发展趋势开展养老金融服

务品牌建设。组织开展丽水市优化老年人金融服务十大感动事例和十大感动人物评选和风采展示活动，以先进典型引领全市适老金融服务水平不断提升。全年新建成老年人金融服务示范点46家、总数达109家。

（本报告由中国人民银行浙江省分行提供）

第十章　2023年度衢州市绿色金融改革创新工作报告

2023年,中国人民银行衢州市分行在省分行的指导下,扎实推进绿色金融改革工作提档升级,重点围绕转型金融、金融支持生物多样性、绿色金融与普惠金融融合发展三大领域,开展一系列创新举措。截至2023年12月末,全市绿色贷款余额1593.4亿元,占各项贷款的比重31.58%,同比增长53.13%,占比位列全省第二。全年上报各类调研报告30余篇,被总行录用4篇,省行录用12篇(不完全统计)。《中国工业碳排放与"三废"排放驱动因素及Tapio脱钩效应——基于时变参数C-D生产函数的测算与分析》获得2023年浙江省人民银行系统青年课题组活动二等奖,《数字普惠金融赋能共同富裕的机制——基于中介效应检验的分析》获得2023年浙江省人民银行系统青年课题组活动三等奖。《关于当前商业银行盈利模式的调查——以衢州市为例》获得人民银行浙江省分行领导批示;《我市持续深入推进金融支持助力生物多样性保护》获市委领导批示。

一、基于碳账户的转型金融工作纵深拓展

牢牢把握"金融支持传统产业转型升级"主线,对标《G20转型金融框架》五大支柱,持续推进基于碳账户的转型金融"衢州模式"。截至2023年12月末,碳账户已覆盖各类主体215.6万个,企业碳账户贷款余额656亿元,个人碳账户贷款余额106亿元。"绿色普惠金融促进共同富裕的衢州模式"和"基于碳账户的转型金融衢州路径"被中国科技金融促进会分别列为2023年普惠金融助力共同富裕优秀案例和全国ESG与可持续发展优秀案

例;《衢州市积极探索绿色金融与普惠金融融合发展之路》被总行子网站登载;《绿色"双循环"背景下中国碳足迹体系研究》被《金融与经济》刊登;碳账户金融被国家发展改革委纳入浙江省高质量发展建设共同富裕优秀案例;衢州绿色金融工作多次被《金融时报》宣传报道,其中《衢州"碳"路九年》于全国生态日在《金融时报》头版头条刊发;中国人民银行衢州市分行牵头编制的《银行个人客户碳账户服务指南》和深度参与的《银行企业客户碳账户服务指南》已在金标委立项,衢州基于碳账户的碳效核算结果成为《银行企业客户碳账户服务指南》中方法论证的重要实践案例。衢州市分行与绿色金融研究院、四川大学共同研究制定了农业(养殖和种植业)、钢铁、水泥、化工行业转型目录。11月,出台《关于低碳转型目标挂钩贷款的指导意见》,六家银行业机构草拟完成制度文件并开展落地实践。

二、金融支持生物多样性工作纳入全球合作体系

2022年,中国人民银行衢州市分行与中国人民大学在COP15(《联合国生物多样性公约》第十五次缔约方大会)上全球首发《银行机构生物多样性风险管理指南》(以下简称《指南》),目前《指南》已经在开化全域金融机构完成试点落地,《指南》中列明的21个生物多样性敏感行业的风险审查与管理要点嵌入银行信贷管理全流程,并由中国科学院、国际野生生物保护学会、亚投行等专家共同论证完善,已经被列为省级团标立项。衢州市近年来依托钱江源国家公园的生态优势积极开展金融支持生物多样性保护工作,获得多方认可。11月,开化农商行正式获批加入生物多样性金融伙伴关系(PBF),成为国内首家加入此国际组织的地方法人银行,也是全国第三家加入国际组织的银行机构。近期,中国人民银行衢州市分行收到世界资源研究所(WRI)北京代表处的合作确认函,双方将在钱江源生物多样性保护的金融领域展开紧密合作。接下来,衢州市将加快与国际组织的合作并引入国际资金,立足问题导向,引导金融机构将支持生物多样性纳入战略发展规划,加大对生态系统保护修复、生物资源可持续利用等重点领域的金融产品和服务供给,不断推进金融支持生物多样性工作走深走实。

三、探索绿色金融与普惠金融融合发展路径

围绕"以绿色标准深化普惠金融、以绿色理念服务普惠群体"的工作思路,推动江山市出台《绿色金融与普惠金融融合发展工作方案》,探索构建以"主体＋行为"为主要特征的评价指标体系,建立绿色普惠金融支持名录,完善政策配套机制,推动建立符合绿色金融与普惠金融发展要求的金融服务体系。

（本报告由中国人民银行浙江省分行提供）

第十一章　2023年度湖州市绿色金融和转型金融工作报告

　　2023年,湖州市分行坚持以习近平新时代中国特色社会主义思想为指导,认真贯彻总行研究局和省分行部署要求,紧扣"绿色金融赋能经济高质量发展"主线,聚焦"深化绿色金融能力建设"目标,全力以赴扬优势、补短板、抓攻坚,推动湖州转型金融改革创新、绿色金融和普惠金融融合发展等方面持续走在全国前列。首先,取得了一批突破性改革成果。在国内率先发布5项转型金融首创性制度成果,在省内率先落地转型金融"五个一"行动,相关经验做法写入G20可持续金融工作组成果报告,积极争创省级转型金融改革试点;探索转型金融标准并且实际应用这些标准,为国家重点行业转型标准制定提供了重要经验。其次,推广了一批试点工作经验;《绿色金融能力建设:湖州案例》在G20可持续金融工作组会议上得到讨论;湖州改革经验在全国试验区第六次联席会议、中国绿金委年会、中英绿色金融工作组等会议上得到分享;累计接待总行党校、中国绿金委绿色普惠工作组、金融时报等机构的30余批次绿色金融和转型金融调研团队;成功协办中国金融学会首期高级培训班,获总行领导批示肯定。最后,赋能了经济绿色低碳转型。6家金融机构成为系统内首批绿色金融示范行。创新"转型贷""碳效贷"等30余款碳金融产品,累计发放碳效贷款468.9亿元。截至2023年末,全市绿色信贷余额同比增长39.1%,占全部贷款的比重达32.1%,分别高于全国、全省平均19.7个百分点、17.5个百分点,列全省第一位。相关工作举措如下。

一、立足"双碳"战略,推进绿色金融与转型金融有效衔接,支持企业绿色低碳转型

(一)坚持标准先行,破解转型活动识别难题

对照《G20转型金融框架》五大支柱,针对企业转型路径规划难、转型目标设置难等堵点痛点,在国内率先出台《转型金融支持活动目录》《重点行业转型目标规划指南》《融资主体转型方案编制大纲》《融资主体公正转型评估办法》等首创性制度标准。比如,《转型金融支持活动目录》聚焦全市8个传统重点行业和1个中类行业,采用"白名单"与"技术中立"方法,规划106项转型技术路径,为识别转型活动提供参考。湖州是全国乃至国际上首个在地方政府层面推出相对完整的转型金融体系的地区。

(二)用好政策激励,激发金融机构和企业转型动力

一是运用央行政策工具,引导金融机构加大对绿色低碳领域资金支持。紧抓碳减排政策工具延期扩容窗口期,推动将湖州银行纳入政策支持范围,扩大政策惠及面。截至2023年末,全市累计投放碳减排贷款40.09亿元,支持清洁能源、节能环保等项目95个。指导金融机构创新"转型贷""碳效贷"等30余款碳金融产品,累计发放碳效贷款468.9亿元。二是用好地方财税政策,撬动企业积极转型。完善绿色金融改革支持新政,给予转型企业0.5%的贷款贴息,对开展转型信息披露、实现公正转型的企业,补助额度上浮10%,进一步激发企业转型动力。

(三)抓好落地实践,开展转型金融"五个一"行动

在省分行指导下,选择湖州传统高碳行业——纺织业为试点,制定《纺织行业转型金融支持经济活动目录》,建立纺织业转型企业库,创新"纺织转型贷"等转型金融产品,形成纺织行业转型金融落地实践的闭环路径。在项目转型上加强对接,发布七批次转型金融支持项目(企业)清单,推动金融机构支持转型项目(企业)181个,预计减少碳排放85万吨。转型金融成果在2023年中国金融学会绿金委年会上发布。

二、站稳人民立场,深化绿色金融和普惠金融融合发展,探索共同富裕新路径

(一)聚力小微融资提质效,构建小微绿色金融服务数字化模式

为推动绿色主体认定和融资对接,建立绿色普惠融资主体识别机制,迭代升级融资主体ESG评价系统,累计为2.2万家企业开展ESG评价,评定绿色企业6945家。同时,大力引导金融机构创新与ESG挂钩的金融产品和服务,加大对小微企业绿色金融的有效供给。比如,湖州银行创新"绿色小微快贷",结合ESG与信用风险模型,给予10—20BP(基点)利率优惠,以信贷工厂作业化操作模式,最快实现T+0授信和放贷,已授信近600户、金额9.7亿元,获全省金融促进共同富裕创新实践大赛三等奖。

(二)聚力乡村振兴优服务,推动"三农"领域绿色金融创新

围绕乡村振兴、农民增收等目标,引导金融机构将绿色金融标准和原则嵌入"三农"金融服务。德清农商银行借助智库构建农业领域碳核算方法论,创新"低碳养殖绿色贷""低碳种植绿色贷",为988户渔业养殖户、210户水稻种植户发放贷款5.3亿元,利率最高下浮50BP。安吉农商银行以绿色普惠金融撬动竹产业转型,每年单列不低于3亿元专项信贷资金,从生产端、流通端、消费端助推"以竹代塑",发放"以竹代塑"领域贷款127笔、用信3.6亿元,配套奖励"两山绿币"约4500万个,引导5万居民参与"以竹代塑"消费。深化数字人民币试点,在乡村振兴等领域打造创新应用成果,累计建成数字人民币综合应用乡村17个,安吉余村成为全省试点首批标志性场景。

(三)聚力打通"绿水青山向金山银山"转化通道,探索金融支持生物多样性和生态保护融资模式

针对生态环境修复项目收益性差的缺陷,安吉农商银行创新推出"生态修复贷",将收益较好的关联产业融入生态环境治理项目中,助力废弃矿坑、厂房等废旧资源改造修复,已支持"深蓝计划"等13处废弃矿坑、废旧厂房

修复整治,投放金额超5000万元。德清农商银行、湖州银行、兴业银行湖州分行为下渚湖生态修复项目提供全省首笔项目级生物多样性挂钩贷款,授信4.9亿元,探索可复制推广的金融支持生物多样性保护模式。

三、强化系统思维,完善绿色金融工作体系,助力改革行稳致远

(一)完善标准体系,夯实改革发展基础

发挥试验区优势,累计制定发布"绿""碳"两大系列地方标准15项,解决绿色低碳主体认定、绩效评价等突出问题。以转型金融标准研究为契机,促进绿色金融"湖州标准"向省级标准和国家行业标准跃升。参与编制的《银行业金融机构转型贷款实施规范》等5项标准获得省级团体标准立项,《纺织行业转型金融支持经济活动目录》获得行业标准立项。会同中国标准化研究院开展区域绿色金融发展指数评价,2023年湖州绿色金融发展指数为197,较上年提高16,发展向好向优。

(二)迭代政策体系,助力改革走深走实

对照改革新任务,出台新一轮绿色金融改革政策意见,制定16条政策措施,从企业和金融机构两端予以激励。面向企业,通过转型企业贷款补助、绿色普惠贷款贴息、绿色保险保费奖补、绿色债券发行补贴、绿色增信激励等政策,激发企业绿色低碳发展融资需求。面向金融机构,构建以考评激励为主、适当奖补为辅的政策体系,依法公开公正地将绿色金融考核评价结果纳入政银(保)合作评分体系,激励金融机构做优绿色金融服务。截至2023年末,全市绿色信贷余额同比增长39.1%,占全部贷款的比重达32.1%,分别高于全国、全省平均19.7个百分点、17.5个百分点,列全省第一位。

(三)突出数字赋能,推动改革提质增效

一是打造企业"碳账户"综合支撑平台,解决碳核算难题。贯通政府部门数据资源,批量采集企业电、热、气、煤、油等能耗数据,一键生成企业碳排放量计量结果。为1万余家企业开设"碳账户",覆盖全市生产端80%的碳

排放,为金融机构增强碳核算能力、强化气候与环境风险管理提供基础支撑。二是完善"数智绿金"体系,提升银企对接效率。以需求为导向,健全绿色金融综合服务平台,完善"识别绿、服务绿、支持绿、跟踪绿"等绿色金融全周期服务场景,大大降低绿色金融识别成本、交易成本和获客成本。平台累计帮助4.1万家企业对接银行获得授信4793亿元;帮助6432户小微企业获得首贷金额231.1亿元。"数智绿金"应用入选"中国改革年度市域改革案例",入选第五届"新华信用杯"全国优秀信用案例。

四、聚力示范先行,全面提升金融机构绿色金融能力,源源不断地激发市场创新活力

(一)打造绿色金融示范机构,提升引领示范的能力

一是全力打造试点示范机构。推动19家金融机构积极争创系统内绿色金融试点或示范机构,定向争取信贷资源、产品创新、审批权限等倾斜。其中,建设银行湖州分行、中信银行湖州分行等7家银行成功获批系统内首批示范行。二是全力推进碳中和银行建设。探索创新绿色金融专营模式,建立碳盘查、碳信息披露等机制,推动15家银行机构开展碳中和银行试点,多家机构网点通过光伏改造、建筑节能等方式推动自身运营碳中和。三是全力推动省级金融教育示范基地落地。持续打造"湖州'绿色金融'金融教育基地"品牌,指导湖州银行、安吉农商银行成功申报浙江省级金融教育示范基地,成为全省首家以绿色金融为主题的教育示范基地。

(二)深化金融机构环境信息披露,提升应对气候风险的能力

一是在信息披露质量上严要求、强规范。围绕《金融机构环境信息披露指南》要求,组织辖内36家银行机构开展2022年度环境信息披露,利用人民银行绿色金融信息管理系统,实现年度报告在线披露,全域银行机构完成环境信息线上披露。同时,对各机构信息披露的及时性、准确性、有效性进行评价,促进披露质量提升。二是在对接国际可持续信息披露新准则上勇探索、先实践。积极开展国际可持续准则理事会(ISSB)新标准的实用性、可行性研究,探索编制不同层面的标准化可持续信息披露模板,并率先从银行

机构和上市企业两个维度入手,引导能链智电等3家大型企业着手遵照新准则开展ESG信息披露;组织湖州银行、安吉农商银行等4家银行机构着手开展遵照新准则的环境信息披露工作。

(三)深化市场创新,提升满足多元化金融需求的能力

建立绿色金融产品创新激励机制,累计推出绿色金融产品190余款。比如,湖州银行发行国内金融机构首单ESG主题小微企业金融债,总规模20亿元。人保财险湖州分公司、平安产险湖州中心支公司落地全国首批ESG保险项目,涉及保额8800万元。深化绿色建筑和绿色金融协同发展,指导金融机构对绿色低碳建筑给予优先支持和利率优惠,全市绿色建筑领域相关贷款753亿元,同比增长51.35%,推动全市累计新增绿色建筑面积3878.2万平方米,年节能近200万吨标煤,可减少碳排放70余万吨;全市累计43个项目获得二星级以上绿建标识,占比27%,居全省前列。

五、坚持开放理念,主动参与绿色金融国内外交流合作,提升"湖州经验"影响力

(一)主动嫁接国际金融资源,在落地应用上下功夫

湖州银行成功争取到亚洲开发银行、新开发银行等国际金融机构来湖州开展投融资合作,其中新开发银行为湖州银行提供折合5000万美元的人民币贷款,是新开发银行的中国首笔非主权贷款,主要用于支持可持续基础设施项目。与北京绿金院共建湖州绿色金融与可持续发展研究院,在绿色金融能力建设、前沿课题研究等方面开展合作;上交所全国首个绿色金融服务中心在湖州揭牌成立。强化涉外企业绿色外汇服务与支持,动态更新重点进出口企业、工业绿色低碳企业等清单,支持19家企业办理绿色跨境投融资业务,涉及金额5.5亿美元,如辅导微宏动力境外股权激励计划登记,增强新能源行业投资意愿。

(二)对外输出湖州案例,在提升影响力上下功夫

积极参与国内外绿色金融交流研讨,在全国试验区第六次联席会议、中

国绿金委年会、中英绿色金融工作组等会议上分享绿色金融、转型金融等实践经验。"绿色金融能力建设：湖州案例"在G20可持续金融工作组会议上得到讨论。先后接待总行党校、中国绿金委绿色普惠工作组、金融时报等30余批次调研组来湖州调研交流。协助中国金融学会和省金融学会在湖州成功举办2023年首期高级培训班，培训工作获得人民银行总行领导批示肯定。

（三）深度开展合作研究，在指导实践上下功夫

牵头组织辖内金融管理部门和银行机构，积极主动参加中国绿金委环境信息披露、金融支持生物多样性、"一带一路"绿色金融实践等五大课题研究工作，并以此指导推动工作实践。中国绿金委2023年年会发布的20项绿色金融和转型金融成果中，有9项包含湖州元素。

（本报告由中国人民银行浙江省分行提供）

第十二章　农户家庭资产负债表编制和融资应用研究
——如何提高农户融资可得性和精准性

　　浙江县域经济发达,大量农民从事生产经营活动,资金需求较大,但资产难以抵押、很难有效"变现"转化为生产资本。如何有效盘活农民资产成为金融支持乡村振兴、支持农民创富的难题。本章基于浙江的实践探索,构建了"农户家庭资产负债表"的编制框架,分析了其在农户融资过程中的应用模式和实际效果。基于本章框架编制的"农户家庭资产负债表"可以实现农户家庭资产的可计量、可估值,进而可以创新推出符合银行经营逻辑的融资模式,提高农户融资的可得性和满足度。同时,"农户家庭资产负债表"将道德、人品等"无形资产"纳入授信评价,有助于建立和完善农村信用体系。此外,基于"农户家庭资产负债表",还可以精准定位新型农业经营主体、农业转移人口等不同家庭的融资需求,提升农村金融服务的精准性和有效性。

一、引言和文献综述

　　改善农户融资状况,对提高我国农户收入水平、发展我国农村经济,实现全面乡村振兴和全体人民共同富裕具有重要的现实意义。党的十八大以来,金融支持乡村振兴力度持续加大,在助力农户增收致富、缩小城乡差距等方面发挥了重要作用:农村金融覆盖率、可得性、满意度明显提升,基本实现了"乡乡有机构、村村有服务、家家有账户"。但在新形势下,农村普惠金融工作现状与全面建设社会主义现代化国家的目标要求还存在较大差距。解决农村金融有效供给问题,尤其是农户信贷供给问题,依旧面临诸多挑战。2023年中央金融工作会议指出,要着力营造良好的货币金融环境,切实加强对重大战略、重大领域和薄弱环节的优质金融服务；要做好科技金融、绿色金融、普惠金融、养老金融、数字金融"五篇大文章"。国务院《关于推进普惠金融高质量发展的实施意见》（国发〔2023〕15号）也提出，要健全农村金融服务体系，助力乡村振兴国家战略有效实施。可见，金融如何服务好农业、农村、农民仍是政策关注的重点。

农村金融理论按发展历程大致可分为三个阶段，即农业信贷补贴理论、农村金融市场理论和不完全竞争市场理论（张乐和王楠，2018）。农业信贷补贴理论认为，由于"靠天吃饭"的属性，农业相较于其他产业存在劣势，信贷抵押担保不全、信用水平低（张伟，2010），因而风险厌恶且追逐利润的金融机构会较少在农村投放信贷。对此，政府应适时干预，鼓励并引导设立惠农型非营利性金融机构，为农村地区发放低息或无息的政策性贷款。20世纪80年代后逐步占据主导地位的农村金融市场理论则主张，应充分发挥农村金融市场自身的作用，减少政府干预；否则，过度依赖政府政策性资金支持会提高信贷坏账率（曹协和，2008）。不完全竞争市场理论（Stiglitz，1989）认为，金融市场存在信息不对称，并非完全竞争市场，因此政府适时适当地干预市场以弥补市场失灵是必要的，包括利用信贷小组、担保融资等方式减轻信贷过程中的信息不对称问题（徐小怡和卢鸿鹏，2010）。

目前，探讨优化农村金融的研究主要从需求和供给两个角度展开。从需求端来看，改革开放以来，我国经济的高速增长深刻改变了农村金融运行基础，农民收入明显增长；受教育程度及专业技术水平等变化使得大多数农户由"生存小农"转型为"理性小农"，甚至少数种粮大户或家庭农场已升级为"高级生产者"，具备了提出正常融资需求的能力，并衍生出其他金融需求（陈雨露和马勇，2010）。农民收入增长、农村产业变迁、城镇化进程、人口老龄化、国家粮食安全战略实施等，也在持续推动农村金融需求转型升级（王胜邦等，2023）。现有金融体系难以发挥乡村振兴融资主渠道作用，难以满足财富管理、风险管理等新兴金融需求（蒋远胜和徐光顺，2019），"新农人"融资难问题突出（何广文和刘甜，2018）。从供给端来看，合作金融和新型农村金融组织的作用尚未被有效发挥（周孟亮，2020），金融创新持续性差和多部门协同服务机制不健全（张林和温涛，2019），在推进金融科技、发展农村数字普惠金融方面存在地域分化、服务深度不足、数字金融排斥、潜在金融风险升高等问题(星焱,2021)。金融科技的兴起与普及、农村金融机构竞争格局的演变等,也会给下一阶段的农村金融供给带来极大的影响(王胜邦等,2023)。完善农村金融管理和服务体制,设计激励相容的动力机制(蒋远胜和徐光顺,2019),加强适合"三农"产业运营模式的金融产品和服务创新(吴比和张灿强,2017;韩国强,2018),是接下来农村金融发展的重要方向。

与企业资产负债表类似,居民家庭资产负债表反映了居民家庭的财务状况。将资产负债表这一工具运用到家庭经济活动特征分析中,是一个较为创新的视角。美国在这方面的研究较早,且较多研究将其应用于家庭财务管理、国民经济核算及分析等领域。如 Mishkin 等(1977)分析了家庭资产负债表反映的经济特征与家庭消费决策间的关系,认为家庭资产负债表中所反映出的家庭经济特征的非常规性变化,是导致美国在 1973—1975 年经济严重衰退的重要原因之一。在国内,资产负债表作为分析工具被应用于学术研究的时间较晚,且研究数量较少,尤其是有关居民家庭资产负债表的研究成果更少(王皓宇,2019)。已有文献主要分为微观和宏观两个角度。就宏观角度而言,孙元欣(2006)分析了美国在家庭资产负债统计方面的工作,认为合理的家庭资产负债结构能够有效促进消费效用的最大化,从而促进国民经济的发展,并据此提出,我国应建立适合国情的家庭资产负债统计制度和方法。白鹤翔(2012)认为,建立完整的家庭资产负债表能够提升金融市场宏观调控的有效性,但国内家庭资产负债表发展还缺乏完备性、系统性、连续性。就微观角度而言,国内的相关研究主要是从居民资产负债表编制的方法、意义、相关指标及家庭财富规划等方面展开。杨旭群(2006)从原则、格式、包含项目及各项价值四个方面详细论述了家庭资产负债表的编制方法,并认为建立该表有助于掌握家庭资产规模、流动性以及长短期偿债能力。章昀(2008)构建了家庭资产负债表的分析指标,包括营利性指标、财务风险指标和专项资金分析指标,可以为家庭投资理财、规避风险提供参考。

但从目前研究成果来看,无论是在宏观层面还是微观层面,针对农村地区的家庭资产负债研究相当匮乏。这主要是由于农户财务数据可得性远低于城镇居民家庭(王皓宇,2019)。朱玲(1994)根据山东、宁夏、四川34个行政村的360份农户问卷,编制了农户资产负债情况表,并据此得出偿债能力是影响农户信贷可得性的主要因素。孙同全(2017)以 2009—2013 年农村固定观察点调查数据为基础,编制了不同收入组农户家庭资产负债表,分析了农户家庭资产结构和资产负债状况,发现农村金融服务面临"资源无效"的困境——现有农村产权制度下的耕地和住房难以在信贷中发挥抵押物功能。王皓宇(2019)根据在西北贫困地区获取的数据编制了农户家庭资产负债表,提出当地农户收入结构中务工及经商收入已成为主要部分,并认为当农户信贷额跨过门槛值时,农户信贷对农户家庭收入具有显著的正向作用。

总的来说,目前对农户家庭资产负债表的研究有以下特点:一是研究所用数据多为从调研或其他渠道获取的抽样数据,缺乏全面性;二是应用于农户的资产负债表体例大多未经调整改良,较多参照企业资产负债表,缺乏适用性;三是研究主要以历史数据为基础,事后从理论上建立资产负债表,挖掘农户家庭资产负债情况与信贷情况之间的关系,且研究多停留于理论探索阶段,缺乏实践基础。

自2021年9月以来,浙江省探索推广农户家庭资产负债表融资模式。该模式从试点向全省推广的过程,也是将农户家庭资产负债表由前期的理论探索阶段推向较大规模实践阶段的过程,从而使其更具普遍性与应用价值。该模式按照农户资产负债实际情况和特征对企业资产负债表项目、指标进行调整,并建立可实操的资产价值评估体系,旨在破解此前农户因资产"抵押难""估值难"而导致的"融资难"问题。两年多的实践有力印证了该模式在提高农户融资可得性和精准性方面是可行的。

本章将基于浙江省的实践探索,通过分析农户家庭资产负债表的编制框架、具体指标和相关授信应用模型,梳理基于农户家庭资产负债表的融资模式的创新和可借鉴之处,为农村普惠金融供给侧结构性改革提供理论和现实依据。

二、我国农户融资发展现状与问题分析

(一)农户融资发展历程

近年来,政府各级各部门着力加强和改进农村金融服务,将有效缓解农户贷款难作为助发展、惠民生、促公平的重要工作,从组织体系、产品服务、考核评价、政策保障等多个方面对金融服务乡村振兴提出了具体要求。2006年,在银监会发布的《关于调整放宽农村地区银行业金融机构准入政策 更好支持社会主义新农村建设的若干意见》的推动下,村镇银行、小额贷款公司和农村资金互助社等新型农村金融机构在各地得到了较大发展。2012年,银监会发布《关于实施金融服务进村入社区工程的指导意见》《关于实施阳光信贷工程的指导意见》《关于实施富民惠农金融创新工程的指导意见》,引领农村中小金融机构启动实施了"金融服务进村入社区""阳光信贷"和"富民惠农金融创新"三大工程。2013年,银监会发布的《农户贷款管理办法》正式实施,其中各项要求体现了支农惠农的总体原则。2019年,人民银行等五部委联合印发《关于金融服务乡村振兴的指导意见》;2021年,人民银行、银保监会密集发布了金融机构服务乡村振兴考核评估的一系列文件;2023年,人民银行等五部委联合印发《关于金融支持全面推进乡村振兴 加快建设农业强国的指导意见》。以上文件对强化农村金融支持、优化农户信贷供给提出了更高、更具体的要求。

总体来看,我国创造性地开展了金融服务均等化建设工作,营造了适度竞争、更富活力的农村金融市场,农村信贷产品和服务方式不断创新,更好满足了农民群众多元化和多层次金融需求。根据人民银行的数据,近年来我国涉农贷款余额持续增长,截至2021年末达43.21万亿元;涉农贷款余额占各项贷款比重始终维持在20%以上(朱太辉和张彧通,2022)(见图12-1)。

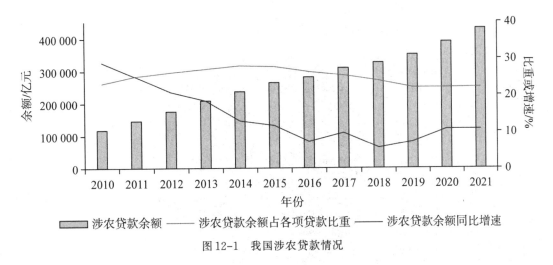

图 12-1 我国涉农贷款情况

但值得关注的是,我国涉农贷款余额同比增速虽在 2018 年后有所回升,但仍处于近年来的低位;涉农贷款余额占各项贷款比重自 2014 年以来也呈持续下降态势。可见,农村信贷工作的持续优化和推进仍面临一些亟待解决的难题。特别是近年来,农村产业转型升级、城镇化进程加快等因素的叠加,促使农户融资需求不断呈现新特点。对此,金融服务供给如何与农户融资新趋势相适应、从而提升供需匹配度,值得深入思考。

(二)当前农户融资的特点

2023 年 9 月,课题组对浙江温州、衢州、台州三地农商行进行了调研,并对三地农户进行了入户问卷调查,共回收有效问卷 1368 份(相关数据截至 2023 年 8 月末)。对第一手数据的分析显示当前农户融资呈现以下新特点。

一是融资用途趋于多元化。根据调查,农户融资用途以规模化养殖经营、做生意日常资金周转及创业为主,占比之和超 50%;其后依次为造房、买房(13%),装修、买大件家电(9%)等;而购买农资(务农)融资需求仅占 5%(见图 12-2)。

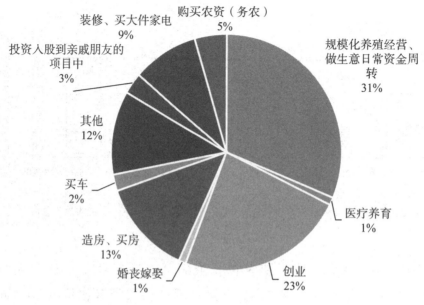

图12-2　浙江三地农户融资用途

二是融资需求趋向大额化。调查结果显示，有26.79％的农户存在30万元以上的融资需求，有21.68％的农户存在10万—30万元的融资需求（见图12-3）。

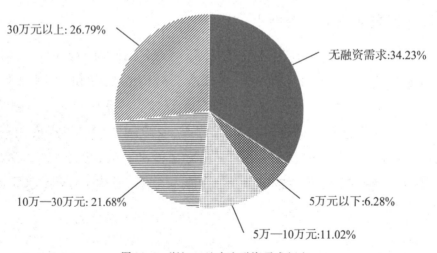

图12-3　浙江三地农户融资需求额度

总的来看，当前农户融资用途呈现出以生产为主、生活为辅的特征。新型农业经营主体，如种植大户、家庭农场、农民专业合作社得到发展，农户贷款已从购买化肥、种子、农药和农机、农具等生产资料的小额资金需求，转变为对农产品规模化生产和经营的大额资金需求。其中,不少农户已具有小微企业主、个体工商户等身份或正在谋求创业,存在经营周转资金需求及创业融资需求。此外,以购房、装修、购车等为主的较大额度的生活性借贷需求正在兴起。

农户融资渠道以银行体系为主,兼有民间借贷、互联网融资及其他渠道。农户在选择渠道时考虑的最主要因素是利率(88.91％),其后三个因素依次是额度(59.85％)、便利度(41.09％)和贷款期限(17.66％)(见图12-4)。

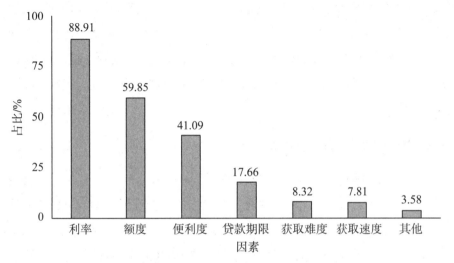

图12-4　浙江三地农户选择融资渠道时考虑的主要因素

民间借贷、互联网融资、银行信贷三类渠道呈现出不同特点。其中,民间借贷的特征是"不普不惠"。虽然手续简单,但借贷利率较高;同时,大量资金游离于银行体系之外,容易滋生诈骗等非法金融行为,暴力催收等一系列问题也易引发民事纠纷[①],借款人的权益往往得不到有效保障。

互联网融资的特征是"普而不惠"。其所提供的各类产品主要基于丰富的互联网用户行为数据,准入门槛较低,但对用户线下信息掌握不够全面;为覆盖低准入门槛下的潜在风险和损失,单户平均授信额度一般较传统银

---

① 根据公开案例库数据,2013—2022年,涉及民间借贷纠纷的审理案件超695万件;2013—2019年呈现逐年递增趋势,并在2019年到达122万件的峰值。2010—2022年,随着监管的加强,案件数量虽呈减少趋势,但仍在数十万件以上。

行偏低,而利率则较传统银行要高①。

传统银行信贷相较于前两者,成本更为低廉,但在风险选择上更为审慎,容易"惠而不普"。农业作为相对弱势产业,很大程度上是"靠天吃饭",管理相对落后,收益水平较低。广大农户所持有的绝大部分家庭资产具有不够透明清晰、品类庞杂、单一价值偏低且变现能力差的特点,普遍不符合传统金融业对于资产"准确计量、便于处置流转"的要求;此外,农村信用环境欠佳,逃废银行债务、合同违约等失信现象时有发生,不良的信用环境也是导致金融机构"恐贷""惧贷"的重要原因之一。基于以上原因,在缺乏有效风险补偿机制的条件下,银行对农户的信贷投放面临着相较于企业贷款而言更多的经营风险。因此,银行往往会通过提高贷款门槛、增加抵/质押物、降低授信额度等方式控制和分散风险,在涉农信贷产品设计上难以有效满足农户融资的实际需要。

(三)农户融资面临的问题

为解决传统银行信贷模式"惠而不普"的问题,浙江省开展了大量探索:2011年,围绕"信用建档、信用评价、成果应用"启动了全省农村信用体系建设,并在此基础上开展了"整村授信";2019年,浙江农商银行系统全面推广农户普惠小额信用贷款,农户只要没有不良信用记录和不良嗜好,都能获得3万—30万元的信用授信,至2020年,已基本实现全省符合条件的农户信用授信全覆盖。根据对台州地区的调查,当地3309个村(社区),已通过"整村授信"覆盖的有3248个,覆盖面达98.16%;获得授信的家庭比例在55%以上,其中临海、路桥等经济相对发达地区的农户家庭授信覆盖率已超过80%。

与此同时,浙江省农户融资也呈现出"惠而不精"的新特征,即银行能够较好满足低额度的基础性融资需求,但更高额度的融资需求有待精准供给。浙江地区个体经济活跃,农户扩大生产经营的金融需求较为旺盛。本次调查显示,温州、衢州、台州三地有融资需求的901户农户的平均需求额度为

---

① 互联网借贷主要有三种形式:互联网消费贷款、互联网现金贷和互联网小微贷款。其中,互联网消费贷款年化利率一般在15%左右,持牌消费金融公司的年化利率一般在20%—36%之间;大型现金贷平台年化利率一般不超过36%;互联网小微贷款年化利率在9%—18%之间。

24.38万元,而三地农户户均信用贷款余额则为15.6万元。因此,推动银行机构形成符合银行业经营逻辑、商业可持续的新型信贷模式,更深入、精准参与和满足农户的进一步融资需求,助力小农户与现代农业衔接,已成为新时期浙江金融推进乡村振兴工作的重要阶段性任务。

(四)破解农户融资难的路径分析

面对农户更高额度的融资需求和农户家庭面临的"资源无效"的困境,编制家庭资产负债表,可更为精准地评估农户财务状况,从而盘活农户家庭资产的金融价值,将是摆脱这一困境的有效路径。

其一,资产负债表可以有效反映农户家庭财务状况。资产负债表是银行衡量企业财务状况、给企业授信的重要依据。家庭是农村地区最小的生产单位,将企业资产负债表思路运用于农户家庭,可以借鉴企业财务视角反映农户家庭财务状况。报表可由银行帮助农户编制,以实现相关数据银行可信可用。

其二,以银行估值代替市场定价用于授信评估。流通难导致的农户资产定价难、抵押难问题,难以在短期内得到根本性解决。虽然难抵押,但银行根据获取成本等因素,仍然可以对农房等资产进行估值并用于信用授信评价。

其三,通过资产逐项估值、汇总测算,提高农户信用评价精细化水平。传统的农户信用授信模式下,对农户家庭资产的衡量主要关注房产车辆等核心资产,且多为定性描述。构建资产负债表后,可以把农户家庭分散、单体价值较低的资产汇集,通过"池化增信"的方式对财务状况较好的农户适当提高授信额度,形成比传统的农户信用评价体系更为精细的农户资产与负债评价体系。

三、农户家庭资产负债表编制框架与指标

(一)编制思路和特点

农户家庭资产负债表的核心用途是银行授信。从实践应用角度出发,课题组研究梳理了部分涉农银行农户信用授信评价要素,经过筛选、细化、

补充,形成了具体的指标内容,然后结合企业资产负债表框架,形成农户家庭资产负债表表样。由于应用场景不同,农户家庭资产负债表既有别于企业资产负债表,也有别于西方国家以纳税为目的的家庭财务报表,与以家庭财务记账和理财投资为目的的家庭资产负债表也有较大差异,主要有三个特点:

一是入表资产可估值、可池化。农户家庭资产负债表无须像企业财务报表那样完整、精细,只要反映农户家庭主要资产负债即可。但资产需相对稳定,可明确归属、可计量、可估值。因此金银首饰、高档烟酒等虽有价值但流动性大、计量难度大的资产,以及易消耗的资产不纳入计量。

二是农户道德人品体现为无形资产。农户信用状况对银行授信决策具有重要意义。鉴于此,参考企业财务报表中的无形资产,将反映农户道德品质的荣誉、积分等信息纳入资产计量。

三是形成可标准化、可复制的资产评估体系。出于模式可复制推广的考虑,制定了《农户家庭资产负债表参考标准》,形成了一整套资产评估体系。

(二)农户家庭资产负债表的参考标准

1.基础指标

《农户家庭资产负债表参考标准》主要包括资产负债类别、内容、折扣率、估值区间等内容。资产主要包括固定资产、权利类资产、活体资产、金融类资产、无形资产、其他资产等六大类25项内容;负债主要包括银行借款、民间借款、其他负债、或有负债等四大类14项内容。具体构成如表12-1所示。

表12-1　农户家庭资产负债基本类型

资产		负债	
类别	内容	类别	内容
一、固定资产	农房、商品房、车辆、船舶渔具、农机具、农业生产设施	一、银行借款	住房按揭贷款、一般消费贷款、经营性贷款、信用卡透支、其他借款
二、权利类资产	土地承包经营权、林权、海域使用权、股权	二、民间借款	亲戚朋友借款、非银行机构借款、其他应付款
三、活体资产	畜类、禽类、水产等	三、其他负债	应缴未缴税金、应缴未缴水电卫生物业等生活费用、应付账款、其他应付款

续表

资产		负债	
类别	内容	类别	内容
四、金融类资产	农险保单、人身险保单、存款(含理财)、涉农补贴	四、或有负债	对外担保、其他或有负债
五、无形资产	家庭获得劳动模范、道德模范、五好家庭、党员家庭等各类荣誉,根据荣誉的不同等级(市级以上、县级、乡镇街道、村级等)给予一定额度的增信		
六、其他资产	根据实际资产情况确定估值及折扣率		

出于可复制、可推广的考虑,《农户家庭资产负债表参考标准》列举了银行在评价农户家庭财务状况、还款能力时可参考的折扣率和估值区间(见表12-2)。其中,折扣率主要参考银行机构农房抵押贷款、土地承包经营权抵押贷款、林权抵押贷款等贷款产品的抵押折扣率。考虑到各类资产在不同地区的价格差异以及银行之间管理能力、风控能力的差异,《农户家庭资产负债表参考标准》只作为行业参考,银行机构可根据本地情况和本行实际,自行确定农户家庭资产负债表表样和农户信用授信模型。

表12-2　农户家庭资产负债表——资产体系

类别	内容	估值金额		折扣率
		估值公式	细项	
固定资产	农房	宅基地价值＋农房结构参考价×农房建筑面积×使用情况×使用年限	宅基地价值：参考近期同村宅基地成交价值平均值	40%~50%
			农房结构参考价：可根据农房结构,按所在地区每平方米造价乘以系数进行计算。参考价800元~1200元/米²区间。可另外附加装修成本参考系数:砖混、钢结构＝1,混合、砖木结构＝0.7,木、泥,以及其他结构＝0.3	
			农房建筑面积：平方米	
			使用情况：自住＝1,出租＝2	
			使用年限：1－(3%~5%区间)×使用年数	
	商品房	建筑面积×单位价值	建筑面积：平方米	约70%
			单位价值：参考市场成交价	

续表

类别	内容	估值金额		折扣率
		估值公式	细项	
权利类资产	土地承包经营权	面积×单位价值	面积 / 亩	40%~50%
			单位价值 / 根据当地承包土地流转价格确定,参考价200~1000元/亩区间	
	林权	面积×单位价值	面积 / 亩	30%~50%
			单位价值 / 根据林地流转价值确定。生态林参考价100~400元/亩区间。经济林根据地上种植林木确定,参考价100~5000元/亩区间	
	海域使用权	面积×单位价值	面积 / 公顷	约50%
			单位价值 / 根据当地海域使用权流转价格确定。因各地海域情况差异较大,根据当地实际进行评估	
	股权	股权数×每股股权价值	股数 / 股	40%~75%
			单位价值 / 当地法人银行机构股权:按照每股净资产价值;村级经济合作社股权:合作社总资产/总股数;村集体经济股权:村集体总资产/总股数	
活体资产	猪羊牛、水产、禽类等	数量×市场交易单价	数量 / 只、斤等,水产可根据单位面积产量进行估算	40%~60%
			市场交易单价 / 根据最新市场交易价	
固定资产	车辆	车辆评估价		30%~50%
	船舶渔具	市场交易价		30%~60%
	农机具、农业生产设施	市场交易价		40%~60%
金融类资产	农险保单	家庭投保农险保单保费总金额相加		90%~100%
	人身险保单	保单现金价值		90%~100%
	存款(含理财)	在本行上年度日均存款(含理财产品)		90%~100%
	涉农补贴	粮食、公益林、渔业等补贴总金额相加		90%~100%
无形资产	家庭获得劳动模范、道德模范、五好家庭、党员家庭等各类荣誉,根据荣誉不同等级(市级以上、县级、村级等)给予一定额度增信			
其他资产	根据农户实际资产情况确定估值及折扣率			

对银行机构而言,银行贷款是最容易获取的农户负债信息,查询征信即可。但考虑到现实中农户家庭负债的多样性,本表对农户负债做了详细区分(见表12-3)。例如,农户对外担保等或有负债,可以考虑全额计入,也可以在转化为实际负债后计入,银行可根据自身风控实际确定计量标准。

表12-3　农户家庭资产负债表——负债

类别	内容	金额数据获取方式	折扣率
银行借款	住房按揭贷款	农户申请贷款时经授权从征信系统获取	100%
	一般消费贷款	农户申请贷款时经授权从征信系统获取	100%
	经营性贷款	农户申请贷款时经授权从征信系统获取	100%
	信用卡透支	农户申请贷款时经授权从征信系统获取	100%
	其他借款	农户申请贷款时经授权从征信系统获取	100%
民间借款	亲戚朋友借款	通过上门采集获取	100%
	非银行机构借款	通过上门采集获取	100%
	其他应付款	通过上门采集获取	100%
其他负债	应缴未缴税金	通过上门采集获取,也可在农户申请贷款时经授权从税务部门获取	100%
	应缴未缴水电、卫生、物业等生活费用	通过上门采集获取	100%
	应付账款	通过上门采集获取	100%
	其他应付款	通过上门采集获取	100%
或有负债	对外担保	银行担保贷款信息在农户申请贷款时从征信系统获取,其他对外担保信息通过上门采集获取	0%～100%
	其他	通过上门采集获取	0%～100%

附栏包括农户家庭收入及负面信息。工资收入按照农户家庭参与劳动人员全年实际收入计算;其他收入包括:未列入工资的其他劳动报酬、财产性收入、转移性收入、租金收入等。

2.个性化指标

在《农户家庭资产负债表参考标准》的基础上,浙江各地根据当地农户资产特点、地理标志相关产业和特色化无形资产等,因地制宜拓宽农户入表资产。舟山制定的《舟山地区农户涉海要素资产项目参考表》,将渔船(含马力指标价值)及渔业作业工具、海域(含海塘、滩涂)使用权、水产品、柴油补贴等四大类典型高价值涉海要素资产纳入建档范围,并建立了相应的资产估值行业标准。如针对海域按地理位置划分1—5级,并按用海类型划分为填海造地、构筑物用海、围海用海等五大类21小类,分别明确基准参考价格。瑞安以"信用＋受托代管承诺"模式,将非标产权、可预期收益权、经济动植物、无形资产纳入农户增信依据。江山利用改革试点契机,将农户宅基地资格权价值、生态资源开发平台赋予的生态存单收益权价值以及个人碳积分,融入农户家庭资产负债表。萧山将当地乡村数字化治理平台的村民积分纳入农户无形资产,使原先的积分体系从乡村的"内循环"升级为与金融机构互联互通的信用体系。

3.特色指标

温州基于农户向家庭农场等新型农业经营主体发展,探索新型农业经营主体数智化融资新模式,围绕新型农业经营主体较集中的生猪养殖、黄鱼养殖和果蔬种植三大行业,制定温州版《新型农业经营主体资产负债表参考标准》。较之基础版农户家庭资产负债表,新型农业经营主体在资产端增加了经营规模、经营产值、科研投入等经营信息,以及农产品等级评定、专利技术、品牌商誉等无形资产信息。

衢州作为典型的劳务输出型地区,外出务工创业农民较多,成为所在城市的新市民。该市在农户家庭资产负债表基础上,针对这部分群体增加其在城市的资产负债等信息,如商品房、车辆、理财、住房按揭贷款、新市民积分、绿色低碳行为等,完善寓外乡贤信用评价体系(见表12-4)。如某农商行在农户家庭资产负债表基础上,通过对接街道乡镇、联系寓外商会等方式,多渠道采集补充了十万多名外出务工创业人员的城市资产负债信息。

表12-4　新市民建档评级融资模式表样

维度	资产(正向)信息		负债(负向)信息	
	类别	内容	类别	内容
农村信用信息	农村资产	农房、宅基地、农机具、农业生产设施、土地承包经营权、林权、养殖承包权、活体资产、农险保单、涉农补贴、家庭收入、其他农村资产	农村负债	亲戚朋友借款、农户小额贷款、农户生产经营贷、其他农村负债

维度		资产(正向)信息		负债(负向)信息	
		类别	内容	类别	内容
城市信用信息	城市基础信息	城市资产	商品房、车辆、厂房、生产设备、人身险及其他财产险保单、存款(含理财)、其他城市资产	城市负债	住房按揭贷款、一般消费贷款、经营性贷款、信用卡透支、非银行机构借款、对外担保、未缴纳税金、未缴纳水电煤物业费、其他城市负债
	新市民积分(附加项)	省级共性积分	年龄、文化程度、职业技能、社保缴纳、居住时间		
		市县个性正向积分	社会公益、科技创新、奖项荣誉、投资纳税、特殊岗位、其他积分项	市县个性负向积分	违法违纪、违规失信、违反社会公德、其他积分项
	绿色低碳行为(附加项)	个人碳账户积分	绿色出行、绿色消费、绿色社区、普惠公益、线上办理		

(三)信息采集

实践中,银行编制农户家庭资产负债表的信息主要来源于三部分:银行自有数据、政府共享数据、外部获取数据。

1.银行自有数据(见表12-5)。包括银行内部沉淀的金融数据和上门采集的数据。近年来,在浙涉农银行机构积极发挥地缘人缘、党建共建等优势,争取各级政府部门及乡镇、街道、村委支持,以行政村为单位确定信息采集员。通过走村访户,直接向农户收集信息或从村民处侧面了解情况,积累农户信息数据。在信用村镇创建定期复评工作,以及客户经理定期驻村驻点开展金融服务过程中,相关数据可以被不断更新迭代。

表12-5　银行自有数据(部分)

自有数据集	数据来源
年龄	按身份证号码判断
婚姻	行内数据及线下走访采集数据,并与政务数据交叉验证
学历	

续表

自有数据集	数据来源
政治面貌	
工作单位、职务、收入	
自建房情况	线下走访采集
产品持有情况	行内数据
行内金融资产	行内数据,家庭存款、理财、基金、信托、保险、股金
家庭经营情况	行内数据,融合收款码、流水、水电费、税费代扣等信息
公议授信额度,有无涉黄、赌、毒等不良习惯,家庭及邻里关系	信用联络站公议小组
农业生产性资料	线下走访采集,村委农业档案
……	……

2.政务共享数据(见表12-6)。近年来,浙江大力推进数字政府建设,涉农数据共享水平不断提升。各地银行机构积极与当地农业农村、自然资源等部门合作,依法合规采集农户家庭资产信息。如衢州地区银行信息采集的四种来源中,有两种就来源于政府共享数据,包括当地农业农村、自然资源等部门的农房、涉农补贴等数据信息,以及"衢融通""三资"管理系统等平台数据。有的银行已与当地公检法、税务、工商等多个政务部门对接,开展数据共享。

表12-6　某地农户家庭资产负债表政务共享数据(部分)

政务数据类型	字段	用途	支撑作用
社会保险个人参保信息	证件号码、统一社会信用代码、人员参保状态、开始日期	收入金额信息及收入稳定性判断	结合银行自有数据和征信数据,多方面了解客户部分经济状况,包括工作年限、收入档次等情况
公积金个人缴存信息	统一社会信用代码、证件号码、个人月缴存额、个人账户状态		
人才大脑、人才职业资格信息	证件号码、等级	职业水平分析	精准识别人才类别及职业等级,自动匹配人才政策,为各类乡村振兴人才提供特色金融服务
职业技能等级证书	证件号码、等级		

续表

政务数据类型	字段	用途	支撑作用
低保在册家庭子表信息	身份证号码	政府扶助信息	在社会数据和行内采集数据的基础上,充分补充并交叉验证特殊群体基本信息,为系统对客群的划分提供有力依据,有利于精准提供特殊金融支持
残疾人职业技能培训信息	残疾人身份证号		
残疾人新增就业信息	残疾人身份证号		
拖欠农民工工资失信联合惩戒对象名单信息	身份证号码	负面信息	贷前识别、贷后提醒申请人不良行为信息,完善银行客户准入风控模型,降低银行风险损失
刑事附带民事诉讼案件信息	身份证号码		
机动车行驶证	身份证号码、车辆品牌、车辆型号、发行驶证日期、使用性质、检验有效期	车产价值	判断车产价值情况,侧面佐证行内收集数据的准确性
不动产登记信息接口	权利人证件号、权利人证件类型、确权状态、权属状态、区县代码、小区名称、房屋坐落、登记类型、不动产抵押登记信息、抵押物价值、不动产查封登记信息	不动产价值	判断本地有证房产价值情况,侧面佐证行内收集数据的准确性
……	……	……	……

3.外部获取数据(见表12-7)。外部社会数据有助于银行将更多简单、独立的数据关联起来,既可作为资产负债表的数据验证、补充,也可用以分析借款人的行为特征、经济特征和社会特征。

表12-7　农户家庭资产负债表外部获取数据(部分)

社会数据集	支撑作用
工商企业信息	用于判断单位性质
股东或投资人信息	用于计算其他收入
车辆品牌型号均价	用于计算车产价值
小区不动产单价	用于计算不动产价值
……	……

当前,农户家庭资产负债表的三类信息来源中,银行自有数据,特别是信贷员到农户家庭上门采集获得的信息数据,是最为核心和主要的。银行政府共享数据受数字化建设进度、银政信息共享深度影响,其利用价值各地、各机构不尽相同。但随着数字乡村建设的不断推进,该类数据来源占比有望持续提升。目前,政府信息共享相对比较充分的地区,授信模型各类指标中,银行自有数据、政府共享数据和外部获取数据的占比一般为4:5:3。

4.真实性校验。为提高农户家庭资产负债表建档信息的真实性,银行机构探索了许多核验方式。例如,对不同渠道获取的信息进行交叉验证,以提升数据质量;明确规定贷后管理人员按照一定比例对资产真实性及估值进行抽查、核实。有的银行还设计客户信息质量分析体系,对数据进行交叉验证和逻辑校验,并将数据质量作为客户经理尽职免责的重要依据,形成了数据质量管理闭环。

5.数据安全和隐私保护。农户家庭资产负债表数据汇集过程中,个人信息保护及数据安全管理是各级政府、金融机构和农户关注的重点。在采集和使用农户家庭数据信息时,应严格遵守个人信息保护及数据安全管理的相关规定。要建立客户信息分级分类保护机制,在制度、技术、员工教育等方面采取有效措施,防止信息泄露和滥用。从政府部门获取共享信息需要个人授权;对于需要模型批量处理的数据,采取脱敏处理,保证数据可用不可见,且原始数据及数据模型不出仓,最终输出的结果数据仅为得分,不可反推(见图12-5)。

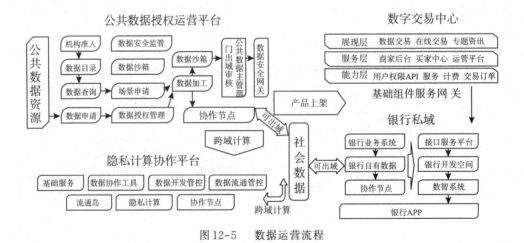

图12-5　数据运营流程

四、基于农户家庭资产负债表的授信模式及效果

农户家庭资产负债表融资模式,是指银行基于所编制的农户家庭资产负债表,对农户家庭净资产、家庭年收入、人品等资信信息和村"两委"公议授信情况统筹考量后,为农户发放小额信用贷款。目前,银行主要通过数字化手段,运用农户家庭资产负债表各项数据构建授信模型,按照授信额度不超过农户家庭净资产的50%、信用授信额度不超过农户家庭年收入的3倍、农户家庭资产负债率不超过70%的原则,自动生成农户授信额度。

(一)构建基于农户家庭资产负债表的授信模型

不同银行机构采集的数据维度,以及累积的历史风控数据、风险承受能力、风险防控水平不尽相同,因此,基于农户家庭资产负债表构建的授信评估模型也存在较大差异。本章选取浙江省内5家银行机构作为代表,分析农户家庭资产负债表授信评估模型的设计路径及其带来的授信决策变化和当地农户融资服务的实效。上述银行机构既有位于浙江省山区26县的,也有位于沿海地区的,所在地产业结构各不相同且经济发展水平在浙江省内位于不同梯次,因此上述银行机构具有较强的代表性。

1.授信指标维度

5家银行授信指标维度有差异,但总体来看,均大致基于基本情况、道德品质、本行业务关联情况、家庭资产情况、家庭负债状况、风险状况等6类构建多层级数据指标体系(某银行的指标体系如图12-6所示)。其中,有的银行二级指标可达80多个、三级指标180多个。各银行通过细化指标、强化数据结果运用,自动生成"千人千面"的授信额度,配套农户线上化贷款产品,实现小额信贷全线上办理,资金"一键申请,秒级到账"。

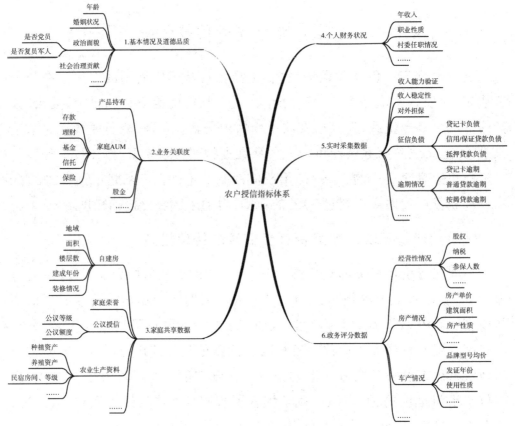

图12-6 某银行农户家庭资产负债表授信指标体系(部分)

2.授信风控模型

(1)风控准入模型

该类模型主要由客群准入规则模型与机器学习风控模型两部分组成。就客群准入规则模型而言,有的银行仅设置高风险禁入类的强规则——"触发即拒绝",有的银行则另外建立风险提示类的弱规则;但指标内容基本类似,主要包括农户基本信息及风险负面指标,如是否有涉案失信等负面信息、不良记录等(见图12-7)。机器学习风控模型则主要用于识别客户的潜在风险,通过模型计算客户的违约率。

贷前客群规则	18周岁≤年龄≤65周岁且客户类型为农户
	且
	无负面信息、严重不良记录
	且
	满足以下一项 原户籍或当前户籍为本地； 社保连续本地缴纳6个月； 在本地范围内经营个体工商户

具体风险负面指标	
失信	失信被执行人、强制执行记录
涉案	刑事案件记录；在逃；涉毒；公安信息异常
当前不良	存在呆账、资产处理、保证人代偿行为 未结清贷款存在五级不良,对外担保不良
历史不良	历史存在本行贷款核销、担保人代偿记录
黑名单	系统内信贷核心录入黑名单
社会评价	公议授信评价为"一般"或存在黄、赌、毒等不良嗜好
……	……

图12-7 某银行贷前准入模型

(2)授信定额模型

5家银行的授信定额模型由基础额度和调整额度等部分组成。多数为基础指标模式,即先确定基础额度,再对有提额需求的客户确定具体提升额度。此方式适合数据来源较少、农户群体间差异较小的地区。数据来源较丰富、农户群体间差异较大地区的银行,可采用融合指标模式,即深度融合各类数据,再以最终得分方式输出融合指标得分,形成授信额度。

基础指标定额模型。某银行从年龄、婚姻、职业情况、工资收入、资产情况等维度予以基础赋额,考虑区域间个体差异,在农村、城郊、城区分别建立30万/40万/50万模型;对于不满足基础赋额,但又有提额需求的客户,按照"做多大生意配多少额度"的原则,设置经营提额模型,以营业收入为关键指标,参考纳税、经营年限、员工参保人数等测算提额情况,最高100万元。

融合指标定额模型。某银行构建包括基础额度、提额额度、风控调额在内的多层级授信定额模型,经融合自动生成授信额度(见图12-8)。

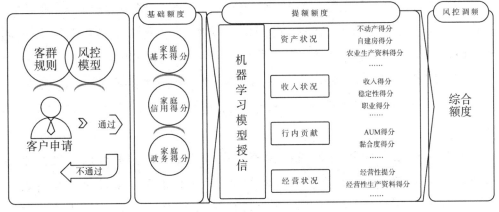

图12-8 某银行授信定额模型

基础额度包括家庭基本得分、家庭信用得分、家庭政务得分等融合指标,通过机器学习授信模型分配指标分值。根据资产状况、收入状况、行内贡献和经营状况等四大类、30余项融合指标,给予农户提额额度。根据农户在风控模型中对应的放贷策略,调整并确定最终额度。

(3)利率定价模型

该模型包含基础利率和浮动利率两部分,但不同银行利率定价策略差异较大。和授信定额模型类似,利率定价模型也可分为基础指标类和融合指标类两种。

基础指标利率模型。某银行基于同业监测与成本管理锚定一个基准定价,根据"基础维度、风险维度、贡献维度、关联维度、贷款维度"等五个维度,在基准定价上进行浮动,实行"一客一价"。

融合指标利率模型。某银行利率定价模型由基础利率、支行浮动、个人浮动和风控浮动四层级组成。根据农户所在信用村等级、家庭信用得分、村委任职情况形成基础利率;支行基于村(社)的存量农户贷款情况、地域信用风险情况和同业竞争情况设置单个村(社)的浮动利率;个人浮动利率包括基本情况、征信情况、行内贡献和社会评价等四大类、20余项融合指标;根据农户在风控模型中对应的放贷策略,调整并确定最终执行利率。

(二)新型农业经营主体、新市民群体授信模型应用

温州地区涉农银行机构基于新型农业经营主体资产负债表,在资产、负债、经营三个维度实施"增信信息＋负面信息"管理,针对不同行业构建差异化授信模型。如某农商行探索建立"最强因子"授信模型,通过"最强因子"核算营业收入,依据行业特点核定基础授信额度,再结合经营主体的"正向因子(资产类)"和"负向因子(负债类)"进行调整,最终形成"可授信额度"。"最强因子"根据行业特点确定,如生猪养殖为"生猪年出栏数"。该模式下,该行新型农业经营主体客户平均授信额度超过60万元,较传统授信模式提高约7%。

衢州地区银行机构立足新市民资产负债信息,结合寓外新市民行业分布、特征、需求等内容,丰富新市民群体授信测评维度。将批量模型开发与单类模型开发相结合,建立潜在客户授信评分体系。系统依据农户基本信

息、农村资产负债、城市信息给新市民打分,并给予授信额度。城市信息主要包括在城市的资产情况、碳账户积分、新市民积分等内容。如某农商行通过该模式,为56％的外出务工创业人员提供基础授信,人均授信额度较之前提升近4万元。

（三）基于农户家庭资产负债表的农户融资需求挖掘

首先,基于农户家庭资产负债表,通过分析历史数据获取农户家庭的数据表现和贷款行为,并据此建立LightGBM模型,挖掘其内在关联,发现"消费行为""创业行为""近期资产变动"等二级指标会在不同程度上对贷款行为产生影响;然后,再以此为依据,预测当前可能存在贷款需求的农户。我们对具体做法以"消费行为"为例加以说明:先对农户家庭的消费数据进行处理,然后使用机器学习模型中的分类算法,根据数据特征与贷款需求之间的关系进行模型训练,并使用交叉验证等方法评估模型的准确性和性能;将消费行为数据输入到训练好的模型中,得到预测结果,即农户的贷款需求得分。例如,某银行基于农户家庭资产负债表建立了AUC(接收者操作特征曲线下的面积)为0.827的农户需求挖掘模型,开展LIFT(提升度模型和策略效果衡量指标)分析,将模型预测分数从高到低等频划分为100个区间,并计算各个区间的累积转化率。得分前1％的客户,最终转化率高达15.67％,而全行客户转化率仅为0.96％。

（四）实践效果及经验分析

自2021年9月以来,浙江各地以农商行为主,联合农行、邮储等主要涉农机构,积极推进农户家庭资产负债表融资模式,并在政务信息共享、大数据运用、授信模型细化等方面做了积极探索。截至2023年9月末,浙江省内(不含宁波),已通过农户家庭资产负债表融资模式建档的家庭达684.31万户,建档覆盖率64.94％;授信468.19万户,授信总金额11224.24亿元,户均授信23.97万元(见图12-9);贷款余额4425.10亿元。浙江的农户家庭资产负债表融资模式通过对农户资产进行精细化计量、估值,应用数字化风控手段精准评估农户的还款能力,弥补了传统金融服务成本较高的短板,有效降低了金融机构的风险甄别成本,提升了农户贷款精细化管理水平,显著提高了农户融资服务可得性和满足度,打造了农户的普惠金融"新基建",实现了农户融资更足额、更便宜、更便利、更精准。

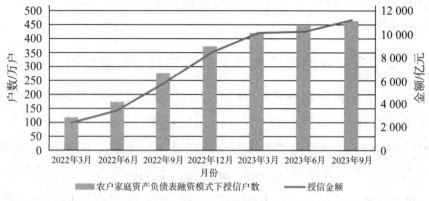

图12-9   浙江(不含宁波)农户家庭资产负债表融资模式授信情况

一是丰富了农户资产内容,提高了融资满足度。银行传统的农户贷款评估主要依据农户房产、林权、土地承包经营权等资产。农户家庭资产负债表融资模式则拓宽了资产范畴,将经济合作社股权、海域使用权等权利类资产,车辆、农机具等固定资产,禽类、畜类、水产等活体资产,理财、保单等金融资产,以及一些具有地方特色的涉农资产纳入计量。由此,银行对农户的金融画像更为精准,授信模型更精细,风控能力更强,农户的信用贷款覆盖面和额度也明显提升。

从单家银行数据看,上述5家银行通过农户家庭资产负债表融资模式,户均授信额度均有较大提升,提升幅度从数万到二十余万不等。例如,某银行在农户家庭资产负债表融资模式下户均授信额度达53万元,比原公议授信模式高一倍多;授信户数22.87万户,较原模式增加40.48%;授信覆盖率达95.13%,较原模式增加27.41个百分点。从地市数据看,台州地区通过农户家庭资产负债表融资模式,提高了1/5授信农户(合计超过10万户)的授信额度,户均提升额度超过12万元。从浙江省统计数据看,2022年以来,浙江农户贷款的户均余额明显提高。

二是赋能数字普惠金融,提升了融资便捷度。农户家庭资产负债表融资模式通过"无形资产有形化、有形资产数据化",推动了金融机构进一步加大农村数字基础设施投入,提升了农户融资的便捷度。传统模式下,客户经理通过贷前调查采集客户信息,人工判断信用风险、利率定价、贷款定额,经过内部信贷小组审议,线下放款,全流程一般需要1—3天。数字普惠模式下,金融机构将采集的农户家庭资产负债表信息转化为数据字段,客户经理上门采集农户数据并录入系统,后台自动测算农户信用授信额度。农户一般在银行上门采集信息后的第二天就可在线办理贷款,无须再跑银行网点。对温州、台州、衢州三地的调查显示,一半农商行已实现贷款当天申请、当天发放;部分农商行已实现农户小额信贷全线上化办理:贷款在线申请、数智决策、线上放款,“一键申请,秒级到账”。

三是提升了风险防控能力,降低了融资成本。农户家庭资产负债表融资模式对农户更为精细的资产负债计量,意味着银行对农户信用风险的把控更为细致、精准、有效;同时,数字化的授信风控系统还实现了实时监测市场情况、客户交易和风险事件,可以在事件发生时迅速决策,降低信贷资产的损失风险。农户家庭资产负债表融资模式推广两年来,浙江主要涉农机构农户贷款不良率整体保持低位运行。对温州、衢州、台州三地27家农商行的抽样调查显示,该模式下农户贷款的不良率为0.77%,明显低于三地农户贷款的平均不良率。对其中27家支行的抽样调查显示,2021—2022年平均每家支行有60—70个农户因授信额度提高等原因,由多家银行贷款改为单家银行贷款,更有利于银行进行风险管理。基于数字普惠金融的农户家庭资产负债表融资模式,让金融机构能以更低的成本获得更为广泛的农村信贷市场信息,降低甄别农户风险和信贷供给的成本,也有利于推动降低农户融资成本。两年来,浙江省普惠型农户经营性贷款平均利率降低了1.39个百分点,降幅大于同期个人经营性贷款和普惠型小微企业贷款利率。

五、农户家庭资产负债表融资模式发展的宏观价值

就微观视角而言,推广农户家庭资产负债表融资模式有效提升了农户融资的可得性和满足度,降低了农户的信贷成本,也优化了银行信贷服务和管理机制。而从金融发展、国家统计核算等更加宏观、长远的角度看,该模式更好地揭示了农村金融市场运行的基本情况和特点,对激发农村地区经济活力、助推基层社会治理、培育原始市场主体、提高银行机构内部管理水平、健

全国民经济核算机制,以及提供相关政策决策参考等方面都具有重要意义。

(一)助力农户创业增收,缩小城乡发展差距

相较传统银行信贷模式,农户家庭资产负债表融资模式通过扩面、提额、增效,更好地适应了农户融资需求的新特点、新趋势。截至2023年9月末,浙江省(不含宁波)超三分之一的农户通过该模式获得授信,户均授信额度超20万元,较此前有较大提升。如台州、衢州等地户均授信额度分别较此前提高12万元、8万元;杭州地区部分农商行该模式下用于生产经营的农户户均贷款余额已超过50万元。农户的生产经营资金需求更易得到满足,有利于新型农业经营主体、小农户等更积极地进行农业投入与开发,助推农村地区发展,助力缩小城乡差距。

(二)引入财务管理思维,培育原始市场主体

银行为农户编制家庭资产负债表,可帮助农户厘清家庭财务状况,合理进行财务规划,提升金融健康水平。另外,浙江县域经济较为发达,大量农民从事传统农业以外的各类经营活动,家庭资产负债表的建立可使其直观了解资产负债、财务规范、杠杆与风险等理念,有利于引入企业财务管理理念,培育潜在企业主。

(三)夯实农村信用体系,助推基层社会治理

一是促进优化农村信用环境。该模式将道德、人品、各类荣誉等作为授信评估依据,无形资产可以变成"真金白银",使农民切实感知品德的金融价值;村委干部参与农户贷款的信息传递机制,实质上将农户贷款契约行为嵌入社会网络关系,使得农户更加重视自身行为和信用记录的积累,自觉减少道德风险和机会主义,进而助推优化农村信用环境。二是部分地区在推广该模式过程中,还将当地基层治理的特色化指标作为增信要素,如衢州的遵法学法用法行为规范指数、富阳的"孝善指数"等。特色化基层治理模式与金融服务的深度融合,促进了金融与基层治理的良性互动。三是银行员工上门走访采集信息的过程,可使农户了解银行借贷逻辑,金融评价规则更加公开透明,降低熟人社会的人情成本,有利于构建农村金融健康生态。

(四)推进信贷管理精细化,提升银行机构治理水平

农户家庭资产负债表融资模式的重要应用主体是农商行等地方小法人银行。该模式的推广,有利于推动相关银行农户贷款管理模式更加精细化、集约化,进一步提高其内部管理水平。传统信贷模式下,银行对农户的授信评估高度依赖经验判断,因此,为通过小额、分散的贷款以控制整体风险,单个农户信用贷款上限一般不会超过30万元。而在农户家庭资产负债表融资模式下,银行对农户的授信评价指标更加丰富、对农户的画像更精细、授信额度更精准、客户服务更聚焦。与之相应,风险控制也由偏好担保、保证向利用丰富信息转变,风控能力进一步增强。推行该模式以来,浙江省内多地农商行提高了信用贷款额度上限,农户授信额度差异化更加明显。截至2023年9月末,浙江省(不含宁波)农户小额贷款中,信用贷款占比已提升至67%,较两年前提高了6.57个百分点。其中,台州地区有超2万户农户、30多亿元贷款从抵押担保转为纯信用贷款。数字化、智能化授信模型的推进,促使银行转变发展理念和经营方式,同时降低了客户经理的道德风险,更易于"尽职免责"制度落地和"敢贷愿贷"机制的建立。浙江省内(不含宁波)有一半以上农商行针对该模式新建或改建了系统。

(五)健全国民经济核算机制,提供政策决策参考

一是探索金融数据对经济统计数据的印证与补充。农户资产负债表的进一步普及,有助于摸清农村地区的"家底",更加全面、及时地反映农村地区资产、负债等状况,为相关经济统计数据、抽样调查数据提供印证和补充。如台州监管分局通过分析农户家庭资产负债表的相关数据,发现该市农户户均全年可支配收入在10万~50万元的占比为85.69%,20万~60万元的占比为38.55%,基本形成了以中等收入群体为主体的橄榄型农村社会结构。此外,若将该模式进一步推广至市民、新市民等群体,实现国民"家家有表",还有助于推动我国国民核算由注重流量核算向流量与存量核算并重转变。二是多维度积累农村信息,提供了政策决策参考。农户家庭资产负债表的数据累积,可以客观真实地反映各地农民财富积累过程和经济发展历程,帮助从村、乡镇、县区等多层级,房屋、土地、生产性资产等多维度剖析经

济增长驱动因素,为农村地区经济和社会发展规划提供决策参考,也为进一步完善现代财税制度、养老保险制度提供更多决策依据。

六、结论

针对农户资产难以抵押、缺乏金融价值,而农户生产经营资金需求较为旺盛的现状,将农户家庭视为农村最小生产单位,借鉴企业财务报表的思路,编制农户家庭资产负债表,对资产逐一估值,建立相应的授信模型,可以最大限度地挖掘资产的金融价值,盘活农村的"沉睡资产"。

在多方调研的基础上,基于信息可获取可更新、资产可估值且有价值、模式可复制可推广等维度考虑,原浙江银保监局制定了《农户家庭资产负债表参考标准》,明确了资产负债表的基本内容,并结合资产估值基本逻辑、资产估值区间、银行相关资产的抵押贷款折扣率等要素,对各类资产建立了评估测算公式、评估参考标准、折扣率系数等行业参考标准,形成了可公开、标准化的农户家庭资产评估体系,并于2019年9月在全辖区推广农户家庭资产负债表融资模式。

从实践来看,农户家庭资产负债表融资模式提高了农户贷款的覆盖面、可得性和精准度。基于农户家庭资产负债表建立的数字化、线上化农户贷款产品的广泛运用,极大提高了农户申请贷款的效率。未来,农户家庭资产负债表融资模式的进一步推广,不仅可以有效提升农户贷款的可得性,促进银行提升对农户贷款的精细化风控能力和管理水平,也有助于潜在市场主体的财务思维培育,以及对国民经济核算的补充和验证。

七、参考文献

[1]白鹤翔.关于我国建立家庭资产负债统计制度的思考.金融发展评论,
   2012(10):116-122.

[2]曹协和.农村金融理论发展主要阶段评述.财经科学,2008(11):27-35.

[3]陈雨露和马勇.中国农村金融论纲.北京:中国金融出版社,2010.

[4]韩国强.金融服务乡村振兴战略的思考.当代金融研究,2018(2):
   96-104.

[5]何广文和刘甜.基于乡村振兴视角的农村金融困境与创新选择.学术界, 2018(10):46-55.

[6]蒋远胜和徐光顺.乡村振兴战略下的中国农村金融改革——制度变迁、现实需求与未来方向.西南民族大学学报(人文社科版),2019(8): 47-56.

[7]孙同全.从农户家庭资产负债表看农村普惠金融供给侧结构性改革.中国农村经济,2017(5):31-44.

[8]孙元欣.美国家庭资产统计方法和分析.统计研究,2006(2):45-49.

[9]王皓宇.基于农户资产负债的农贷减贫门槛效应检验——陕、甘、宁、青四省区贫困县田野调查数据分析.西安:陕西师范大学学位论文,2019.

[10]王胜邦,朱太辉,罗煜,等.农村金融发展促进共同富裕的机制和路径研究.金融监管研究,2023(8):1-21.

[11]吴比和张灿强.实施乡村振兴战略对农村金融的需求.农村金融研究, 2017(12):40-41.

[12]星焱.农村数字普惠金融的"红利"与"鸿沟".经济学家,2021(2): 102-111.

[13]徐小怡和卢鸿鹏.我国农村金融理论研究述评.延安大学学报,2010 (2):65-70.

[14]杨旭群.编制一张家庭资产负债表.经济师,2006(7):250-251.

[15]张乐和王楠.农村金融理论回顾与展望.生产力研究,2018(9):67-71.

[16]张林和温涛.农村金融发展的现实困境、模式创新与政策协同——基于产业融合视角.财经问题研究,2019(2):53-62.

[17]张伟.现代农村金融理论及我国农村金融制度模式的演进探索.现代财经,2010(10):17-20.

[18]章昀.家庭资产负债表中的指标分析.商业文化(学术版),2008(6):37.

[19]周孟亮.脱贫攻坚、乡村振兴与金融扶贫供给侧改革.西南民族大学学报(人文社科版),2020(1):115-123.

[20]朱玲.贫困地区农户的收入、资产和负债.金融研究,1994(3):10.

[21]朱太辉和张彧通.农村中小银行数字化金融赋能乡村振兴研究——兼论"双链联动"模式创新.南方金融,2022(4):55-69.

［22］Mishkin F S, Gordon R J, Hymans S H. What depressed the consumer? The household balance sheet and the 1973-75 recession, Brookings Papers on Economic Activity,1977(1):123-174.

［23］Stiglitz J. Markets, Market failures, and development. American Economic Review,1989,79:197-203.

（本报告由国家金融监督管理总局浙江监管局提供）

金融"五篇大文章"咨询要报

第十三章　浙江省银行业保险业科技金融发展:亮点、瓶颈及对策①

2024年5月9日,国家金融监督管理总局浙江监管局组织召开"浙江银行业保险业做好'五篇大文章'助力建设金融强省推进会",指出全省银行业保险业要瞄准目标抓关键,科技金融重在创新,助力现代产业体系建设。科技金融位居"五篇大文章"之首,不仅是推动经济高质量发展、加快建设金融强国的重要内容,也是浙江省加速科技成果转化、建设"金融强省"的迫切需要。

本章梳理了参加浙江大学金融研究院组织的浙江省"科技金融"发展政策咨询会的各位专家和银行业保险业机构负责人的主要观点,总结了浙江省银行业保险业科技金融发展的六大特色亮点,针对浙江省科技金融发展在体制机制有待突破、结构性问题有待优化、银行与外部投资机构合作面临难点和配套市场有待培育四方面的瓶颈,在此基础上提出了优化相关统计考核机制、探索多元化融资模式、完善科技风险保障体系、发展科技金融配套市场四方面的政策建议。

一、浙江省科技金融发展最新概况和特色亮点

浙江省银行业保险业金融机构不断夯实机构体系、管理机制、人才队伍、评价标准、协同生态等基础支撑,建立健全全生命周期的金融服务体系,

① 本章内容是浙江省新型重点专业智库——浙江大学金融研究院的 AFR 咨询要报成果,也是浙江省社科规划全国影响力建设智库重大课题"扎实做好金融大文章,全力推进金融强省建设研究"(课题编号:ZKZD2024012)的前期成果。执笔人为浙江大学金融研究院副院长章华、浙江大学经济学院研究生周维。

在成长速度、覆盖范围、触达深度、机构分布、风险控制和保险保障方面取得了较好成效。在成长速度方面,截至2024年一季度末科技企业贷款增速为17.78%,高于各项贷款平均增速4.74个百分点。在覆盖范围方面,专精特新企业、高新技术企业和"小巨人"企业覆盖率均超过六成。在机构分布方面,国有大行占比近四成,政策性银行、股份制银行和城商行等各类机构立足自身优势,积极参与,呈现差异化服务格局。在保险保障方面,浙江省保险机构围绕科技研发、成果转化、知识产权保护、产品质量等环节,通过全周期保险产品供给、全链条风险减量服务和全要素资源整合,为实现保险服务高水平科技自立自强提供有力支撑。

在探索科技金融的道路上,浙江省银行业保险业金融机构充分发挥自身体制和经营模式的优势,形成了以下六个方面的特色亮点,即在多层次、专业性、有重点的组织架构下,形成了全周期、创新引领的科技金融产品线,提供全周期、全链条、全要素的保险服务,构建了高效、专业、包容的风控机制,遵循以人为本与科技赋能结合的发展路径,在政银合作和产学投研协同中共创科技生态。

(一)多层次、专业性、有重点的组织架构

浙江省已形成以工商银行、中国银行等国有大行为主力军,中信银行、民生银行、浙商银行等股份制银行积极布局,杭州银行和嘉兴银行等科创金融改革试验区所在科创特色城商行为主体,专营小微科技业务的泰隆银行等特色银行以及浙江省各家保险公司共同发展的多层次科技金融组织体系。截至2024年5月,省内银行以科技金融中心为核心,共设立科技金融特色支行232家,较好地覆盖了各地科技产业集聚区。省内银行业机构立足杭州和嘉兴两大科创金融改革试验区,以点带面形成辐射引领效应,带动全省科技金融的发展。科技贷款重点投向新一代信息技术、高端装备制造、生命健康、新能源、新材料、大消费等科技行业,为攻克卡脖子技术和实现转型升级的企业额外开辟绿色通道,加大价格、抵押率等的优惠力度。

(二)全周期、创新引领的科技金融产品线

工商银行先后推出人才贷、科创贷、创新积分贷、科创成长贷、科创上市

贷等专属产品,2024年重点推出面向科技型中小企业的"浙科e贷"全场景融资产品。中信银行推出为科技型企业扩大再生产的科技企业项目贷。民生银行开发了针对专精特新客群的易创E贷、中小微企业的民生惠和出口企业的出口E融等线上产品,满足客户便利化和多元化的融资需求。浙商银行聚焦企业创立、引入创投、启动股改、IPO上市等十大金融服务场景,创新推出"人才支持贷""科创共担贷""科创银投贷""专精特新贷""科创积分贷""科创激励贷"等16款科技金融系列产品,打造全生命周期金融服务体系。其他如杭州银行、泰隆银行、江苏银行等也相继推出各具特色的科技金融产品,并注重作为中介为科创企业和创投机构搭建融资平台。

(三)全周期、全链条、全要素的保险服务

一是全周期的保险产品供给。在科技研发领域、科技成果转化领域和知识产权领域,分别开发了科技项目研发费用保险、成果转化费用损失保险和知识产权申请费用损失保险等保险产品。二是全链条的风险减量服务。在知识产权领域,围绕知识产权的检索、申请取证、维权交易等多个环节,构建知识产权的全链条服务体系,破解中小企业知识产权被侵害时取证难、维权难的问题。三是全要素的资源整合能力。如人保财险浙江公司承接了省科技厅的"供需荟"平台,汇聚科学家、企业家、技术经纪人、保险服务经理四支队伍,协同地方政府、高校、企业,进一步促进科技成果精准匹配、地方招商引资和高校成果精准转化。

(四)高效、专业、包容的风控机制

杭州银行实施派驻制,成立专门的审查队伍,单独进行科技企业贷款的审查审批,同时按照行业进行区分,保证客户经理和审批人对于初创期企业具备足够的认知。中信银行通过积分卡、人才贷、投联贷、科创E贷等各类标准化产品提高风控质效,且通过1+2审批、标准产品直接出批复、复杂项目中台合议等差异化流程,摆脱了传统信审会的复杂流程。中信银行通过各种手段提升营销人员、审批人员、贷后人员的行业专业知识储备及预判能力,做好提前准备工作,提升员工专业性。浙商银行为了解决科创金融客户经理"不愿贷、不敢贷"的问题,对科创小微企业的不良贷款容忍度比一般贷

款提高3个百分点,中型企业再高1个百分点。

(五)以人为本与科技赋能结合的发展路径

浙商银行首次推出"人才银行"业务,创新性地以"人力资本"作为授信额度核定的重要依据,为高层次人才作为创始人和主导者的科技型企业提供专属贷款产品。江苏银行升级推出"江苏银行杭州分行科创人才专属金融服务方案3.0",全力打造"全覆盖、全场景、全链路"服务模式。江苏银行充分运用大数据风控工具和预警模型,全面覆盖客群筛选、营销触达、贷前调查、授信审批、贷中管理、贷后监测等场景。杭州银行围绕科创企业、创投机构、政府三大服务对象,结合场景提供数字化服务产品,打造数字化经营的生态圈,构建契合行业客户实际需求的信贷、结算、数字化、投行、非银服务等多维度的服务体系。

(六)政银合作和产学研投协同的科技生态

中信银行在科技、经信、监管等政府部门的指引下开展工作,与中信证券、中信建投证券和中信股权投资联盟进行系统内协同,围绕行业内核心企业开展链式营销服务,与浙江大学、西湖大学、之江实验室、北京航空航天大学等科研院所和国有企业、政府产业基金、市场化投资机构等专业投资机构协同,构建合力赋能的科技金融生态圈。浙商银行与行业协会、担保公司、律师事务所、会计师事务所等专业机构合力解决科技型企业成长中遇到的金融、财务、法律、管理等问题,构建优势互补的专业服务生态圈。江苏银行积极主动对接组织部、经信局、科技局、市场监督管理局等省市区级政府部门,了解最新政策导向,找准发展机遇和方向。

二、浙江省科技金融发展存在的瓶颈

虽然浙江省科技金融发展已经取得初步成效,上述各家银行都具备各自的科技金融特色经营模式,但从整体来看,浙江省科技金融发展依然面临体制机制有待突破、结构性问题待优化、银行与外部投资机构合作存在难点和配套市场有待培育四方面的瓶颈。

(一)体制机制有待突破

一是科技企业的认定标准尚未统一。业内对科技企业的统一认定标准虽有相应的团体标准做参照,但在具体执行中主要以政府发布的各类企业名单作为依据,对初创及成长早期科技企业覆盖不足,增加了金融机构支持科创企业的障碍和难度。二是统计考核制度不够全面。当前银行的考核主要针对清单内企业和表内贷款,面向清单外企业的科技贷款和信用证、票据、贴现等表外融资方式没有被纳入考核范围。三是信用风险的补偿机制有待完善。尽管部分地方政府已出台相关扶持政策,由政府与银行共担企业融资风险,但科技信贷仍面临产品标准化不足、服务流程长、担保费率高、代偿上限低等问题。

(二)结构性问题待优化

一是总体来说,科技金融发展内部结构呈现以下态势:信贷体量较大,基金创投受外部环境影响规模有限,保险仍处于起步阶段。截至2024年3月末,浙江辖内科技企业贷款余额1.66万亿元,同比增长17.78%,高于各项贷款平均增速4.74个百分点。创新引领基金总规模89.69亿元,省科创母基金目标规模100亿元,已投50亿元。浙江省创投协会回访调研数据显示,2021—2023年企业获得意向投资金额27.48亿元,实际投资14.35亿元。2023年辖内科技保险保费收入仅占财产险总保费收入的0.45%。二是就科技信贷而言,现有科技企业各大清单内企业信贷支持较为充分,名单外企业相对不足。专精特新企业、高新技术企业和"小巨人"企业覆盖率均超过六成,清单内优质科技企业信贷已较为饱和,部分企业甚至存在利率倒挂的怪象。但根据相关机构反映,受到总行考核导向、数据共享有效性不足等因素影响,对清单外科技企业的识别判断还不够,支持有待加强。

(三)银行与外部投资机构合作存在难点

一是资本市场发展不稳定。虽然股权融资更加契合科创企业特征,但相较于全球成熟的资本市场,我国股权投资的发展呈现周期性波动,整体发展不够稳定。当前创投行业发展面临募资和退出的困难,这也使银行通过与外部投资机构合作获得风险补偿存在现实障碍。二是二级市场退出障碍导致业务推进困难。在现行资本市场监管政策趋紧的背景下,投资机构对上市、退出预期明显下降,股权投资规模整体下降,PE机构退出难,可能对科技企业整体发展造成不利影响。据清科研究中心统计,2023年末外币股权基金规模同比下降18.24%,人民币股权基金规模同比增长3.5%。预计科创企业的市场化股权融资将进一步收紧,一些仍处在研发投入阶段、销售不及预期的企业可能会面临较大资金压力,进而增加银行科创信贷的风险。

(四)配套市场有待培育

一是知识产权评估和交易体系有待进一步发展。基于知识产权的质押贷款是科技金融的主要业务形式之一。但由于银行缺乏对科技型企业所处行业和技术水平的专业评估能力,且知识产权本身难以变现,知识产权质押融资面临评估难、风控难、处置难等问题。与会银行机构普遍反映,目前从事科技成果价值评估、知识产权服务的第三方机构的服务质量参差不齐,知识产权缺乏交易市场支撑,这都极大地制约了科技信贷的发展。二是缺乏科技企业评价的统一信息平台。评价科技企业时,除常规财务数据外,也需要更多能够判断企业创新能力、发展潜力等维度的数据,但实践中面临数据获取难、验证难等问题。与会银行机构普遍反映,难以获取企业研发投入、知识产权获批情况、科技政策补贴等能体现科技企业"含科量"的关键数据信息,且数据分散在各个部门,单家机构获取难度大。

三、关于浙江省深化科技金融发展的政策建议

为了突破浙江省科技金融发展的上述瓶颈,浙江省银行保险业需要继续深入推进科创金融领域的专业提升、服务增效、数字赋能及生态协同,从优化相关统计考核机制、探索科技企业多元化融资模式、完善科技风险保障体系、发展科技金融配套市场四方面进行探索和创新,具体建议如下。

(一)优化相关统计考核机制

一是统一科技金融相关标准。制定统一专营组织评价标准、科创企业评定标准,建立科创企业库、重点科技项目建设信息库,制定科创企业成长

性评价标准,建立并完善针对科创企业的服务标准。二是区分统计科技金融数据。更清晰地定义科技金融与科创金融,对科技企业进行分层分类,并出具统一的企业清单,更加客观地反映银行在科技金融服务领域的成果。三是完善表外贷款考核制度。引导金融机构将贴现、信用证、保函等表外贷款纳入统计口径,增设敞口余额或融资余额等涵盖表内外产品的口径,以全面反映金融机构对科技企业的支持。四是加强科技企业名单制管理。在已有重点科技型企业"名单制"管理的基础上,进一步完善科技企业名录库,更多地识别和收录处于初创期、成长早期的科技型企业。引导金融机构对入库企业加大定向金融支持,高效对接符合条件的科技型企业。

(二)探索科技企业多元化融资模式

一是通过组织创新推进科技企业直投模式。可以探索通过理财子公司以资本金的一定比例参与科技型企业投资,或由合格的理财公司设立科创投资子公司、与境外战略投资者合资设立理财子公司参与科技型企业投资,或通过设立基金公司,通过基金子公司参与科技型企业投资等。二是完善选择权贷款业务。持续推进认股权相关协议政策约束的完善,为认股权转让及交易提供公开透明、具有公信力的平台,提高认股权后续的转让效率,提升基于认股权融资的市场深度与活跃度。三是畅通投资机构退出机制。针对现行资本市场监管政策趋紧背景下PE机构退出难的问题,鼓励银行通过大股东增资、并购贷款等,积极推动企业的借壳上市、并购重组等退出路径。建立相关流通平台,健全S基金的评估和流通体系。

(三)完善科技风险保障体系

一是加大科技保险宣传力度。利用官方媒体宣传科技保险的新模式、新做法以及新价值,通过政府的引导及氛围的营造,逐步推动企业认识科技保险、了解科技保险,提升企业对科技保险的认知度、感知度和需求度。二是加大科技保险补贴力度。保险公司由于缺乏足够承保数据积累,不敢降低费率。建议将科技保险提升为"政策性"保险业务,加大补贴力度。通过制度性安排,降低企业了解科技保险的时间成本和财务投入。三是设立科技保险超额赔偿基金池。从支持科创活动财政预算中预留部分资金作为超额赔款基金,在保险机构赔付成本超出一定范围后启动,与保险机构共担科创活动损失赔偿风险,促进风控模型的有效形成。四是优化风险共担补偿机制。建立对政府性融资担保机构的绩效评价机制,探索开展担保机构的风险补偿和业务奖励,鼓励和引导市、区两级政府性融资担保机构进一步扩大融资规模,放大担保倍数。

（四）发展科技金融配套市场

一是建立专家组对知识产权开展评估。建议科技部门和行业主管部门牵头并联合专业院校,建立专业对口的知识产权评估机构或者专家组,对专利权开展评估,为银行提供专利评价和量化指标的帮助。二是建立知识产权质物处置运营平台。建议借鉴知识产权发展的南京模式,推动建立知识产权质物处置运营平台,设置知识产权质物处置运营资金池,构建知识产权质物处置运营网络,促进知识产权质物的交易和处置。三是构建全省科技企业信息化平台。建议在全省范围内构建统一的科技企业信息平台,实现科技企业研发投入、知识产权获批情况、科技政策补贴等"含科量"数据信息的收集和共享。四是为城商行提供科技再贷款支持。积极向上争取,将地处科创金融试验区、以科技金融为特色主业且具备优质服务能力的城商行纳入央行结构性货币政策的享受范围,更好地发挥货币政策支持科技金融的有效性。

（本报告由浙江大学金融研究院提供）

第十四章　大力发展支持全链条、全周期、全领域科技创新的政府投资基金，做好浙江省科技金融大文章①

科技金融是落实创新发展理念、促进产业和科技深度融合、实现经济高质量发展的重要驱动力。党的二十届三中全会强调，要构建同科技创新相适应的科技金融体制，加强对国家重大科技任务和科技型中小企业的金融支持，完善长期资本投早、投小、投长期、投硬科技的支持政策。2024年10月，深圳首次提出了"大胆资本"概念，支持国资基金大胆试错，发挥好财政资金的杠杆放大作用。11月9日，浙江省召开专题会议，深入学习贯彻习近平总书记关于科技创新的重要论述和考察浙江重要讲话精神，研究部署加快建设创新浙江、因地制宜大力发展新质生产力工作。近年来，浙江省坚定不移推进中国特色金融发展之路省域实践，围绕做好浙江省科技金融大文章，积极探索政府投资基金发展新模式，有效发挥政府投资基金的撬动作用。

本报告旨在分析当前政府投资基金在推动科技创新中的现状与挑战，聚焦落实一揽子增量政策，提出积极培育壮大"耐心资本"、以并购重组为主题推进多主体协同创新、探索建立国资基金监管新模式、推进区域性股权市场试点工作、推动科技金融领域人才培养五项建议。

① 本章内容是浙江省新型重点专业智库——浙江大学金融研究院的 AFR 咨询要报成果，也是浙江省社科规划全国影响力建设智库重大课题"扎实做好金融大文章，全力推进金融强省建设研究"（课题编号：ZKZD2024012）的成果之一。执笔人为浙江大学金融研究院研究员洪鑫、浙江大学经济学院博士生毛佳、浙江大学金融研究院副院长章华。

一、政府投资基金发展现状

（一）政府投资基金成为新经济发展的加速器

政府投资基金发挥带动作用，着力提供政策性科技金融服务。政府引导基金已有二十余年的发展历史，在我国经济发展中扮演了重要角色，为创投市场注入长期资本，对企业科技创新、产业结构转型和地方政府招商引资等作出了重要贡献。近年来，国家层面对政府投资基金、私募股权母基金行业的支持力度不断加大。党的二十届三中全会强调，更好发挥政府投资基金作用，发展"耐心资本"。国务院办公厅发布的《促进创业投资高质量发展的若干政策措施》提出，发挥政府出资的创业投资基金作用，支持战略性新兴产业和未来产业。投中数据显示，截至2023年第三季度，北京、广东（不含深圳）、江苏、上海、深圳和浙江六大辖区政府引导基金规模合计约1.17万亿元，占整体规模的39.30％，较2022年同期略有上升，其中浙江省政府引导基金136只，规模约1419亿元，位列第3位（见表14-1）。

表14-1　截至2023年三季度六大热点辖区政府引导基金情况（规模及数量）

指标	广东省（不含深圳）	江苏省	浙江省	北京市	深圳市	上海市
规模/亿元	3723	3019	1419	1391	1132	1065
数量/只	141	169	136	69	30	61

（二）一揽子增量政策有助于培育"耐心资本"

国家加码推出一揽子增量政策，为地方经济发展提供新机遇。一方面，并购重组是推动新质生产力发展不可忽视的手段，地方政府积极推动并购重组，加快资源整合，增强股权投资流动性。2024年10月，深圳首提"大胆资本"，推动国资基金成为培育发展新质生产力的"耐心资本"，11月，北京、深圳相继提出要鼓励上市公司通过并购重组向新质生产力方向转型升级，引导金融机构围绕并购重组创新产品提供综合支持。另一方面，以政府投资基金、杠杆资金引领社会资本，激发市场流动性，重塑估值体系。具体来说，证券基金保险互换便利作为首个支持资本市场的货币政策工具，为市场注入新的流动性。股票回购增持专项再贷款作为首个明确其资金可以投资股票的贷款品种,为上市公司提供了新的发展空间。地方政府、商业银行与上市公司充分利用政策工具,形成了共同推动高质量发展的强大合力。

(三)浙江省构建具有地方特色的母基金模式

浙江省着力推动各级政府产业基金发展,加快壮大产业集群基金体系。2023年5月,根据《浙江省"415X"先进制造业集群建设行动方案(2023—2027年)》,浙江省启动了首批规模600亿元以上、近期目标规模1000亿元的"4+1"专项基金群。浙江省母基金充分结合各地"块状经济"和产业集群特色,形成全省合力,聚力投早投小、投硬科技、投创新赛道、投科创平台、投创新人才,"浙江模式"有利于在全国范围内起到示范带动作用。2023年6月,杭州市优化母基金运作方式,整合组建杭州科创基金、杭州创新基金和杭州并购基金三大母基金,建立以科创投资、产业投资、并购投资为主,覆盖创新创业和企业发展全生命周期的产业基金体系,最终形成总规模超3000亿元的"3+N"杭州产业基金集群。

(四)浙江省高度重视科技金融体系建设

浙江省在基金体系打造上全力引导支持科技创新。政府投资基金作为浙江省科技金融体系中的重要力量,积极引导更多金融资源用于培育新质生产力。2023年,浙江省新发起的母基金超过10只,其中科创母基金(一期)合计拟认缴规模122.9亿元,项目涵盖清华大学、浙江大学、中国科学院等科创平台。截至2024年一季度,省级财政累计投入超20亿元,省创新引领基金累计设立子基金25只,总规模89.69亿元,投资科技型企业331家,带动社会资本跟投超500亿元,累计支持19家科创企业上市。根据《关于加快构建科技创新基金体系的若干意见》的目标要求,到2025年,具有浙江特色的科技创新基金体系基本形成,各类科技创新基金规模达到万亿元以上,撬动年度全社会研发投入3200亿元以上,建成有全国性影响力的科技金融改革创新高地。

二、政府投资基金面临的新挑战

(一)全链条、全周期、全领域资金支持不足

当前,中国科技创新在基础研究和研发阶段的市场化程度仍然较低。基础研究的早期投入较大,且技术成果产出和盈利具有较高不确定性,使国有资本在预算约束和管理制度下,因资金使用受到多重机制的严格监督和制约,难以为基础研究提供稳定的长期支持。政府投资基金对科技创新企业的"全链条"支持(覆盖不同融资阶段)、"全周期"支持(贯穿企业成长各种需求)以及"全领域"支持(覆盖广泛科技应用领域)仍显不足。科技型企业在融资渠道和成本上依然面临较大压力,这制约了科技创新主体的积极性,不利于形成符合市场规律的良性长期创新体系。

(二)政府投资基金退出机制不畅

政府投资基金在退出时面临一定的市场和政策限制,退出路径不清晰。部分项目由于政策导向或外部环境的变化,难以在约定时间内顺利退出,从而影响基金的流动性与再投资能力。据统计,政府投资基金投资高峰主要在2017年至2019年,目前早期设立的政府投资基金已经陆续进入退出期,退出压力成为当前的难题。上海金融法院关于涉政府引导基金案件审理情况的调研报告显示,据中国裁判文书网查询的结果,自2020年至2023年上半年,涉及政府引导基金的一审民商事案件共95起,被投企业未按约定归还借款或履行股权回购义务是原告起诉的主要原因。

(三)政府投资基金考核机制不健全

政府投资基金存在短期考核压力与尽职免责机制不完善的问题。一方面,政府投资基金考核机制偏向短期效益,缺乏"耐心资本"支持,较短的考核周期难以匹配多数高科技项目5—10年的研发需求,限制了科技成果的长期积累与关键技术领域的突破。另一方面,国资基金管理缺少有效的尽职免责机制,导致部分基金管理人对高风险项目不愿投、不敢投,基金使用效能偏低,一些高潜力科技项目因风险收益不对称而得不到支持,削弱了政府基金对科技创新的推动作用。

(四)科技金融体系多主体协作效应不足

在推动全领域科技创新的过程中,政府投资基金的多方协作机制仍不完善。当前,基金与市场、产业链、科研机构之间的协同联动不足,创新链条的连接性不强,缺乏高效的创新合力,影响了科技成果转化和市场化应用。由于科技创新通常具有较高的技术壁垒和严格的保密要求,前期缺乏有效的跨主体深度合作,导致社会资本与科技企业之间的信息不对称问题明显。另外,创新型金融服务和产品的供给相对不足,科技金融产品结构单一,难以满足科技企业在不同发展阶段的多样化融资需求。

三、关于发展政府投资基金的政策建议

(一)积极培育壮大"耐心资本"

用好用足当前一揽子增量政策,借鉴深圳培育国资基金"大胆资本"的经验,进一步发挥政府投资基金"长期资本""耐心资本"的作用。支持国有企业大胆试错,加强新领域新赛道制度供给,强化产业投资的引领功能。加强与金融资产投资公司、保险公司、资管机构等"耐心资本"主体的协同合作,重点投向集成电路、生物医药、人工智能等领域和电子信息、生命健康、高端装备、先进材料、新能源汽车等重点产业。浙江省应充分结合各地"块状经济"和产业集群特色,着力壮大"4+1"专项基金群,加快基金投资进度,提升政府引导基金的使用效能,为科技创新提供强有力的资本支持。

(二)以并购重组为主题推进多主体协同创新

建立政府、投资基金、资管机构、科研机构、企业等多方协同机制,推动各类资源在科技创新链条中的深度融合,形成政策资金、社会资本和市场机制的合力。依托《关于深化上市公司并购重组市场改革的意见》的政策红利,支持浙江省产业链主企业、大型科技企业、上市公司开展企业风险投资(CVC),引导产业资本CVC与政府投资基金合作,深度参与科技创新生态,带动产业链上下游协同发展,推动浙江省重点产业"补链强链延链"。同时,推动地方财政、金融、国资等资源联动,拓宽资金来源,采取相互出资、互推项目、共同出资设立项目基金等方式,形成合力。建立高水平项目库和智

库,搭建综合管理服务平台,完善基金与项目衔接机制,提高基金运作效率。

(三)探索建立国资基金监管新模式

优化政府投资基金差异化管理制度,探索建立更加包容的新产业新业态新模式国资监管体系。引导政府投资基金考核评价体系从短期回报向长期价值转变,通过容错机制的设计为国有资本"松绑",更多关注基金对全链条创新的支持力度。建议在考核指标中增加"创新性、社会效益、科技成果转化率"等权重,支持"耐心资本"的长期投入。同时,浙江省应探索取消早期基金的返投时序进度、资金规模等要求,提高投资积极性,鼓励政府投资基金在创新领域发挥更大的带动作用。建议借鉴广东省日前发布的《广州市科技创新条例》,积极推进浙江省科技创新领域立法;借鉴湖北省发布的《湖北省国有企业容错免责事项清单(2024年版)》,有序推进国有资本一级市场的容错机制改革。

(四)推进区域性股权市场试点工作

浙江省应充分发挥多层次资本市场作用,打通创投行业"循环梗阻"。积极探索政府投资基金灵活退出方式,有序扩大区域性股权市场份额转让试点范围,优化股权投资和创业投资份额的转让流程,建立规范高效的转让市场。鼓励国有投资机构"先行先试"参与S基金交易,为投资人和科技企业搭建有效对接的市场化桥梁,提升基金的流动性,帮助科技企业获得更多资本支持。

(五)推动科技金融领域人才培养

推动科技金融复合型人才的本土化与前置化培养。依托省内高校的跨学科平台,结合国家战略和金融发展需求,贴近科技产业与金融市场,增强人才的复合型能力。完善科技金融保障体系,强化科技、金融、产业界的人才交流机制,加强专业培训,提升科技金融服务水平,打造浙江省的复合型金融人才队伍,为科技金融发展提供长效支持。

(本报告由浙江大学金融研究院提供)

第十五章　绿色金融促进低碳转型和可持续发展[①]

近年来,浙江省绿色金融改革取得了一系列亮眼成绩,涌现了一批诸如"衢州碳账户金融体系""湖州数字绿色金融综合服务平台""丽水气候投融资项目服务体系"等极具特色的浙江模式,实现了绿色金融市场规模迅速扩大、绿色金融产品创新发展、绿色企业数量明显增加、绿色金融风险有效降低、生态环境明显改善的预期目标。为进一步巩固浙江省绿色金融改革试验成果,实现未来长期可持续发展,我们提出以下政策建议:(1)从转型标准、碳排放数据核算、转型公正性三个层面助推转型金融平稳发展;(2)降低绿色普惠项目识别成本,增强中小微企业绿色发展意愿;(3)加强生物多样性金融政策落实,推动生态产品价值实现;(4)提高企业信息披露的质量和效率;(5)加强国际化绿色金融人才培养。

一、湖州、衢州绿色金融发展水平指标领跑绿色金融改革试点地区

湖州和衢州的绿色信贷、绿色债券、绿色投融资发展状况近年都处于试点地区中上水平,且均呈现上升趋势(见图15-1)。整体而言,浙江省绿色金融发展始终保持较高水平,为相关企业绿色项目提供了丰富的金融资源。

———————

① 本章内容是浙江省新型重点专业智库——浙江大学金融研究院的 AFR 咨询要报成果,也是浙江省社科规划全国影响力建设智库重大课题"扎实做好金融大文章,全力推进金融强省建设研究"(课题编号:ZKZD2024012)成果之一。执笔人为浙江大学金融研究院金融创新与风险管理研究中心主任骆兴国、浙江大学金融研究院研究员陆嘉骏、浙大宁波理工学院商学院讲师余晓立。

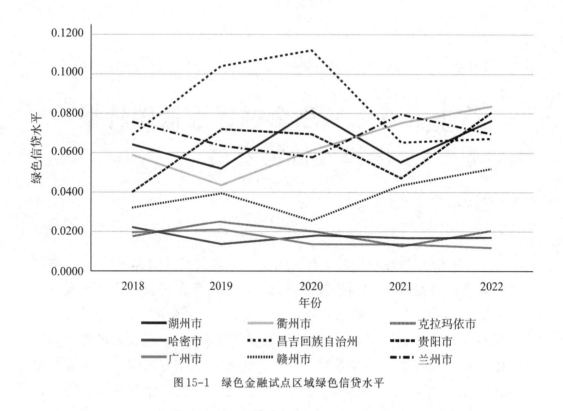

图15-1 绿色金融试点区域绿色信贷水平

二、浙江省绿色金融创新三大模式

(一)衢州建立可度量、可评价、可应用、可兼容的碳账户金融体系

衢州市在2014年成为浙江省唯一的绿色金融综合改革试点市,2017年获批全国绿色金融改革创新试验区。以碳金融为切入点,衢州建立了可度量的碳账户体系,推动低成本、易复制的"双碳"模式发展,最终形成了以碳账户、流程嵌入和碳效评估为三大基石的转型框架。

1.基石一:碳账户

碳账户是碳账户金融的基础,是对有关经济主体碳排放的全面记录,包含数据采集、核算、评价三个环节,具有数据准确、核算科学、贴标客观三大特点。截至2021年9月16日,衢州市碳账户已覆盖2718家工业企业、891家种养殖大户及有机肥生产企业、98家能源企业、117家建筑主体、7家交通运输企业、239万名社会居民。

2.基石二：流程嵌入

流程嵌入是通过碳征信报告将碳账户信息嵌入金融核心业务（特别是信贷业务）全流程中，从而实现"支持高碳主体向低碳转型"的金融差异化激励与约束。通过将征信报告与各大金融机构对接，可实现碳征信报告嵌入信贷业务全流程，完成企业碳账户信息与贷款金额、利率、期限及担保方式的差异化匹配。

3.基石三：碳效评估

碳账户金融本质是从"碳维度"对经济主体的价值评估，能发挥金融优化资源配置的功能，实现了以货币价值为单一衡量维度的企业价值理论新拓展。碳效评估是指基于一定的碳核算技术，对投融资活动的碳排放进行量化分析，评估其效果的过程。金融机构运用碳效评估，既可对企业进行事前预测又可进行事后评价；既可实现内部管理需要，又可满足外部监管（信息披露）需要。

（二）湖州打造"1+4+N"的数字绿色金融综合服务平台

自2017年获批全国首批绿色金融改革创新试验区以来，湖州坚持降碳、减污、扩绿、增长协同进行，并在数字赋能等方面开拓创新，打造"1+4+N"的绿色金融数字综合服务平台，为企业、个人、金融机构、政府部门等提供全方位的金融服务。"1"指的是一个"专题库＋中台"的金融数据引擎，"4"指的是企业金融服务、个人金融服务、金融机构服务、政府治理服务四大核心场景，"N"指的是N个多样化的绿色金融应用场景。围绕四大场景，湖州迭代开发"绿贷通"，聚合开发"绿信通"，成功打造了具有湖州辨识度的"绿系列"数字化应用。

1.绿贷通

绿贷通是面向企业提供一站式金融服务的平台。2022年，绿贷通实现了迭代升级，升级后的"绿贷通2.0"实现了绿色低碳智能画像、融资需求智能感知和银企对接智能派单三项主要智能变革。低碳智能画像功能帮助注册绿贷通的企业直接生成ESG评分、绿色评价、碳效等级等信息。智能感知和智能派单功能从订单、缴税等数据维度智能感知企业的融资需求，智能推荐合作银行上门服务，既改善了企业融资体验，又提升了银行信贷质效。

2.绿信通

绿信通是湖州市为了推动银行机构实施绿色贴标、建立绿色企业库而搭建的绿色企业认定评价服务平台。绿信通提供了全国首个区域性ESG评价数字化系统,为全市两万多家企业进行ESG评分,并根据评分结果将企业分为"浅绿""中绿""深绿"三大类型。经过多次迭代,"绿信通"绿色融资主体ESG评价体系已于2024年升级为5.0版,在模型指标设置、评价方法以及评价过程等方面都有了显著优化和提升。在环境维度上,5.0版ESG评价体系突出了"双碳"目标导向,引入了"碳账户"数据,对企业碳排放情况进行量化评估。同时,分别构建适用于工业、农业、建筑业和服务业四大行业门类的评价模型,实现了ESG评价的"分类定制"。目前,ESG评价结果被广泛应用到绿色贷款贴息政策、绿色担保费率政策以及银行授信政策中,并在全市银行机构的贷款业务中推广开来。

(三)丽水制定金融机构服务考评体系,创新气候融资模式

2022年,丽水成为全国首批国家气候投融资试点城市。两年来,丽水市建立气候投融资服务指数评价体系,开创"浙丽碳效贷"等新的金融产品,积极引导更多资金投向应对气候变化的领域,助力实现国家应对气候变化的自主贡献目标。

1.依托项目库机制助力气候投融资体系建设

建设气候投融资项目库、配套入库指南和服务机制。制定《浙江省丽水市气候投融资项目入库指南》,截至2024年8月,申请并入库项目达55个。丽水建设了气候投融资项目专属融资服务机制,包括制定专项倾斜政策、打造绿色审批通道、创新贷款担保方式等。丽水市还在抢抓国家、省级生态环境部门建设EOD(生态导向的发展模式)项目库。推动公益性较强、收益性不佳的生态环境治理项目,与收益较好的关联产业有效融合。通过生态资源整合开发、政府建立配套生态补偿机制、政策性开发性金融与商业银行拼团的方式,引导更多资金投向生态环境治理领域。

2.建立金融机构服务评价体系对相关工作主体进行量化评估

丽水建立气候投融资试点金融服务指数评价体系,其中包括金融支持度、结构优化度、服务精准度、风险可控度、示范引领度等5个维度12项指

标。这一指数评价体系已纳入丽水市级金融机构支持地方经济发展考评体系,以年度为周期评价气候投融资服务质量指数,根据评价结果将全市银行保险机构分为气候投融资服务质量良好、合格、不合格三个等级,引导和促进银行、保险机构探索更好的金融服务路径。

3.积极完善气候融资产品体系弥补投融资缺口

丽水创设了气候投融资联合创新实验室和气候投融资专业委员会,已推出金融产品和服务创新30余项。例如,以水电站等取水人依法取得的"取水权"作为抵押物的"取水贷"模式,将个人、行政村、企业等主体的生态信用信息运用于贷款准入、额度审批、利率报价等审批流程的"生态信用贷",和基于生态产品总值(GEP)的"生态价值贷"等,助力气候资产变现。

三、相关政策建议

(一)从转型标准、碳排放数据核算、转型公正性三个层面助推转型金融平稳发展

一是推动转型金融相关标准尽快出台。湖州纺织业转型金融支持活动目录具有一定可借鉴性,应积极推动能源、工业、建筑、交通、农业、居民生活六大行业标准尽快出台。另外在当前《银行业金融机构转型贷款实施规范》省级团体标准的基础上应陆续推出其他转型金融产品的规范标准。二是推动建立企业碳排放数据公共平台。要积极推广衢州碳账户体系等优秀做法,推动金融机构间的数据共享机制建设,做到碳核算可操作、可计量、可验证。同时针对企业对数据安全层面的顾虑,采用隐私计算等新兴数字安全技术保护企业数据安全。三是加大金融支持公正转型力度。首先要加强财政与社会保障政策支持,推动建立政府公正转型基金、财政补偿经济损失、税收优惠减免等。其次通过引导金融机构支持公正转型,制定实施合理的转型计划,防范重点行业和地区转型金融风险,促进绿色低碳转型平稳发展。

(二)降低绿色普惠项目识别成本,提高中小微企业绿色发展意愿

一是着力建立绿色普惠标准化体系降低小微企业识别成本。通过识别

中小微企业的绿色供应链、绿色标识、企业绿色资质等特征,建立统一的标准化体系,解决实践中又"普"又"绿"的结合难题。二是坚持数字化导向,依托大数据技术,打造金融服务创新模式,缓解绿色小微企业因信息不透明、缺乏抵押担保等问题而导致的融资难题,支持绿色小微企业健康发展,提升绿色金融的普惠性和精准性。三是推广绿色普惠金融实践的成功经验。以台州微绿达项目为例,逐步将普惠主体从个人和企业扩大至项目和行业,吸引更多中小微企业主动践行绿色发展,进一步推动绿色普惠金融体系的发展。

(三)加强生物多样性金融政策落实,推动生态产品价值实现

一是构筑金融支持生物多样性政策体系。将生物多样性风险管理嵌入信贷管理全流程,落实贷前尽职调查、贷后风险追踪,提高金融机构对生物多样性保护项目的风控管理能力。二是探索生物多样性保护的混合融资模式。通过项目设计提升私营部门对生物多样性的关注度,撬动更多社会资本参与投资,发展混合融资模式。三是激励金融机构开发与生物多样性保护相关的金融产品。如生物多样性保护信托基金和湿地碳汇共富贷等生态贷款,将生态价值转化为经济效益。

(四)提高企业信息披露的质量和效率

一是有效对接企业环境信息披露和金融机构环境信息披露需求,以非上市公司为重点,进一步推动企业环境信息披露数智化转型,制定和完善相关团体标准。二是加快构建环境信用监管体系,推进环境信用评价综合管理系统扩容,将企业环境信用信息纳入金融信用信息基础数据库和各类中小微企业信用信息平台。三是鼓励专业、权威的第三方企业环境信息服务机构(含数据库建设和研究评价)发展,确保数据安全、信息完整、评价客观,降低银行信息泄露的风险和重复调查的成本。

(五)面向世界强化绿色金融人才培养

一是政府专项政策支持,以我国香港的《2024/25年财政预算案》和新加坡金融管理局明确列出的12项技术技能人才发展计划为例,这些政策为

绿色金融领域的专业人才培养提供了强有力的制度保障和资金支持。二是政府和行业紧密合作，政府与行业协会共同推动建立绿色金融高等教育体系，创建研究中心，服务全日制学生和在职人士，填补绿色金融人才培养空白的同时，也为行业提供了切实可行的人才支持。三是学界和业界密切沟通，金融行业积极参与绿色金融相关培训项目的制定，推动学界和业界之间的无缝对接，为培养符合市场需求的绿色金融人才提供精准的方向和方案。四是重视国际合作，积极参与全球绿色金融治理，学习并引入国际先进的教育模式与培训体系，加强国际交流。

（本报告由浙江大学金融研究院提供）

第十六章　浙江普惠金融发展的基本经验和下一步建议[①]

历经多年努力,我国普惠金融取得突破性发展,其中浙江作为相关国家级金融试验区最多的省份,起步早、发展时间长,多项指标领跑全国、多项探索被推广全国,形成较强标杆品牌效应。立足浙江系统梳理可供参考的经验规律,扩大辐射影响,助力完善顶层设计和总体规划,不仅对新形势下落实中央金融工作会议要求、实现普惠金融事业高质量发展大有裨益,也可为创造更加良好的社会环境、以中国式现代化全面推进强国建设、民族复兴伟业贡献更大力量。浙江大学金融研究院普惠金融课题组在多样化调研基础上,对省内相关机构实践经验进行了梳理总结,并提出下一步工作建议。

一、尊重规律、把握本质,重视良好生态的第一性

普惠之举,意在突破传统技术框架下的金融服务群体边界,但不是也绝不可能颠覆金融一般规律,更不能被等同于所谓无条件让利。浙江普惠金融实践之所以能深入、持久,有金融机构之功,但首先还是因为"这里是浙江",生态基础好。首先,浙江经济发展基础稳固,体量规模大、外向型程度高,产业基础尤其是制造业基础扎实,各县域基本都有优势产业集群或特色农业资源,经营主体数量众多,源源不断。其次,民间活力充沛、人民获得感强,共同富裕观念深入人心,城乡经济交流活跃,基础设施健全、群众普遍具

① 本章内容是浙江省新型重点专业智库——浙江大学金融研究院的 AFR 咨询要报成果,也是浙江省社科规划全国影响力建设智库重大课题"扎实做好金融大文章,全力推进金融强省建设研究"(课题编号:ZKZD2024012)的成果之一。执笔人为浙江大学金融研究院研究员朱燕建、浙江大学金融研究院特约研究员周强龙。

有一定金融知识素养,也使得金融下乡不会遭遇显著障碍。最后,社会治理科学,信用意识较好。作为(潜在)客户的人民勤劳、守信,有机会、敢拼搏、能赚钱,是一切金融业务机会涌现之源、是一切金融风险防控之基,也是普惠金融成功的第一条经验。

二、不负本心、特色定位,走好专注专一的长期主义道路

普惠领域客群有"长尾"特征,业务场景更加复杂,更需要有特色的服务供给,而区域性金融机构因不具备总成本领先优势,理论上只有"把小微搞懂搞透"的专一化战略(在此基础上形成一定差异化)可选。探索积累方法论需要强大的抵御干扰、不为所惑的战略定力。泰隆银行、台州银行等的发展经历,充分表明准确自我认知和长期专注坚持的极端重要性,长期稳健增长的业绩和员工队伍的有序传帮带,都证实了有关模式实实在在的精耕细作效果。服务原生态客户的贷款不仅是一笔业务,还成为银行客户经理和小微客户成长的平台;浙江农信系统能走出具有浙江辨识度和全国影响力的发展之路,走在全国前列,根本原因在于能勤勤恳恳做自己该做的事、能做的事,能始终坚守县域法人定位,抵制"做大做虚"、跨区域经营的诱惑,没有断掉自己在农村的根、忘掉从农村来的本,避免了大的颠覆性错误。正是其定力造就了前瞻优势,正是能长期坚守才最终有底气、有本事、有基础领风气之先,以至于有条件实现"小法人+大平台"统分结合,从而与其他农金机构陷入定位不清、不准—方向路线摇摆—能力建设缺失—竞争地位弱化循环形成鲜明对照。

三、放下身段、多维融入,实现市场价值与社会价值内在统一

普惠金融业务面向广大老百姓、小微企业,必须虚心下沉以了解诉求、提出方案。浙江省多家代表机构的实践都体现出围绕经济社会发展大局,跳出金融做金融的必要性和价值,具体做法包括:紧密结合乡村振兴、绿色发展、共同富裕、科技创新等国策开发产品、调配人力(包括下沉挂职等形式);积极参与银政合作,服务数字政府建设,切入各类民生服务保障场景,拓宽数据信息来源;常态化开展面向基层、面向百姓,切实提高群众经济获

得感的公益性或准公益性活动,通过社区活动、志愿者服务等方式让金融融入客户生活;以网格定人定责,深入村组农户一线走访获取海量信息;网点扩量、布局下沉,利用基层特别是农村金融服务站点承接下放的农村政务活动和代办商务活动。虽然具体做法各异,但都将金融活动和基层治理活动紧密结合起来。实践证明,积极嵌入治理、服务治理,是普惠金融从治理体系提升中获得实实在在收益的重要前提,是普惠金融业务得以持续、深化的重要保证,也是增强自身事业认可度和"合法性"的重要助力。

四、拓宽视野、数实融合,因时因势理性拥抱前沿科技手段

普惠金融强调精神、文化和战略一以贯之,但绝不是封闭守旧,"祖宗成法不许变",尤其在具体的技术工具运用上必须秉持开放心态、敢于作出决策和及时投入。网商银行的经验表明,受益于中国政府对数据应用创新的包容支持、庞大的数字经济规模、良好的数字商业基础设施和创新场景,看上去"高大上"的前沿科技能够落地到普惠金融领域,在打破技术、效率、成本、信息壁垒上发挥积极作用。一般大行、城商行、农金机构运用金融科技手段、推进数字化转型的动机、目的、路径、方式各有不同,但普遍获益。

当然,在顺应市场之变、客户之变、技术之变的数字化智能化转型浪潮中也要始终保持头脑清醒,要时刻遵循相信而不迷信、求实而不求名的原则,特别警惕两个倾向。一是否定线下能力建设的倾向。不能想当然地觉得只要用了前沿技术,就能简单把业务做得既多又好,贷前贷后就都能万事大吉。对于更多银行机构而言,线上场景、线上服务更多是线下能力的数字化转换和深化拓展而非简单替代,只有真正做实线下才能掌握"线下线上"融合的风险调查防控技术,否则容易走上歪路邪路。浙江农信、台州银行等都没有因数字技术应用而背弃长期线下经验,更多是顺应数字化趋势实现原有经验迭代,也没有简单贪多求快,更注重自身实际经营状况。二是缺乏系统观念、赶时髦的倾向。数字化转型绝不是粗放的经营管理思维直接叠加科技手段、科技包装即可,工具是否有效,首先要看业务特性是否契合、体制流程是否适配,不能把互联网企业的工具"直接拿过来"就认为是可落地的革命。正如浙江农信的数字化转型,就是构建了包括决策管理、运营管

理、考核管理、风险管理、客户营销在内的完整体系。

五、系统谋划、一体推进，打造多支柱多层次支撑保障体系

普惠金融业务运转离不开诸多内在机制的自洽性嵌入。一是战略规划层面。无论是全国大行还是区域小行，战略研究判断能力都是不可或缺的要素，农行等大行的强势相当程度上源自其对政策理论、发展趋势的把握，与之相应的则是战略落地执行的配套机制安排，主要涉及资源投入、机构设置等环节。二是企业文化层面。没有文化观念的塑造，没有行风行纪的约束，任何模式运行都容易变形走样。精神化育是一个长期过程，需要将责任约束和惩戒机制相结合的规训体系同步渗透。台州银行将文化建设视作风控的重要环节，将约束机制作为文化传导的显性载体，可谓典型一例。三是人才队伍层面。任何事业都离不开一支有高度责任感、使命感、荣誉感的队伍。尤其对于走专一化特色化路线的区域性金融机构而言，必须打造有认同、有感情、能稳定的人才梯队，不一定追求高学历、多资源，但必须质朴、务实、爱学、肯干。同时，只讲奉献情怀不讲回报无法在正常的社会环境下构建牢固认同，即使有也很难转化为持续自觉行动。因此多家银行高度重视双管齐下建设培育体系：一端为培训，侧重机构长期形成的系统性观念和知识技能输入；另一端为激励，主要通过建立可预期、可兑现、长短兼顾的成长汇报标准，以合理充分的获得感反过来增强员工对机构话语体系、文化体系的认可度。四是知识系统层面。"书同文"才能"车同轨"，需要机构从实践中提炼形成系统性知识，再以此作为可复制、可输出、可迭代的新起点。比如浙江农信系统依托改革带来的机构资源配置优势，自下而上进行经验萃取和理论提升，再自上而下进行全系统推广，其编制的《浙江农商银行系统管理标准体系》就是将整体战略与局部战术充分贯通整合的产物，在相当程度上解决了"省级联社讲归讲、农商银行做归做"的割裂问题。

六、立足本省服务全国，继续做好"普惠金融"大文章，力争推进更加综合的全景式创新改革

在充分看到成绩、总结经验的同时，也要看到浙江普惠金融发展未来进

步空间巨大。具体而言，认为普惠就是让利扶贫，普惠业务增量越多越好、价格越低越好的思想依然存在，导致不同类型机构出现无序竞争现象，不利于风险控制、影响商业可持续性；"人"的建设没有完全跟上，借普惠之名牟取一己之利的情况也时有发生；服务供给主体还是以银行类机构为主，非银机构和地方金融组织的系统实践起步相对较晚、成果还有进一步提升空间，业务类型上比较侧重融资端（贷款端），投资端、理财端的亮点偏少，部分机构业务的延展性、综合性还要提高；业态上复合度还需提升，一些在浙江本土具有发展优势的子行业（如期货、私募）的充分参与有待进一步深化，尤其是与银行类机构形成更加深入的"模式＋"值得大力探索。此外，在进一步整顿金融活动，打击遏制非法和"擦边"金融活动上也需要花更大功夫、下更大力气。

这些问题既有浙江个性，也反映全国共性。下一步，要赓续优良传统、加速经验转化、补齐短板弱项，对市场格局、人员队伍、产品服务、监督管理多管齐下，立足浙江本土、放眼辐射服务全国，继续做好"普惠金融"大文章，力争推进更加综合的全景式创新改革，为经济社会高质量发展贡献更多智慧和力量。

第一，着力打造更加有序的竞争生态。破除片面追求增量降价倾向，根据市场渗透率、资产质量等因素变化动态调整监督考核管理特别是量化指标体系，引导不同类型机构更加科学有序地服务不同类型市场主体，在充分发挥全国性大型机构"头雁"效应的同时避免"过度下沉"带来的负面影响，切实严格禁止不正当过度竞争，以免破坏多样化行业生态。通过差异化监管措施、同业竞争自律与协商机制等给予中小型银行一定程度"弱势保护"，探索给予泰隆银行、台州银行等长期深耕县域等下沉市场、业务能力扎实、技术应用务实的机构更多展业空间和向有需要的农金机构输出模式的空间，支持其适度提升市场份额。支持推广浙江农信经验和方法论，保护县域银行机构生态多样性。

第二，着力塑造更加干净的人才生态。对于银行法人机构特别是区域性的小法人机构而言，人比资本更加重要。要把提升队伍的纯洁性、专业性和战斗力摆在更加突出的位置，分层分类抓实抓细队伍建设这个根本大计。强化股权管理、加强穿透审查，筑牢产业资本与金融资本防火墙，严格约束各类大股东行为,完善中小银行治理机制,从根子上防范地方法人银行"漂移"。盯紧"关键少数",及时出清"带病"的"带兵者",切实挖掉真正的风险根子。从直面企业、百姓的基层一线抓起,破除唯学历论等片面招聘导向,坚持企业文化建设和内部激励约束机制完善并重,引导员工更加清晰认识国家金融工作方略,摆正自身定位、增强敬畏之心、珍惜发展机会。更加广泛地弘扬在实践中形成且行之有效的浙江特色金融文化,严厉查处侵害普惠金融消费者利益、变相抬升金融服务综合成本的行为。

第三,着力支持更加综合的业务生态。认真落实《国务院关于推进普惠金融高质量发展的实施意见》等最新要求,重点推进非银机构加强投资端、理财端、保险端普惠金融产品开发和战略顶层设计,探索将相关情况以一定权重纳入经营绩效考核。注重总结推广先行者经验,打通合作堵点,在定价合理、负担合理前提下鼓励探索跨不同类型机构、集融资与风险管理等功能于一体的金融服务模式,弱化直接融资与间接融资市场隔阂,对于具有较强民生属性的普惠类保险产品(如普惠型人身保险)等加大财政补贴力度,对于主要由特定行业或属性人群获益但国家战略意义突出的普惠金融产品(如"保险+期货")则主要依托原有奖补政策资源合理配置以减轻受益人经济负担。给予一定政策便利,支持普惠贷款业务开展稳健的、客户关系积累深厚的银行类金融机构建立更加综合、更能适应客户经营场景、更能覆盖客户成长全生命周期的金融服务序列,构建能力建设体系,加快从更多经营产品向真正经营客户的转型,提升综合竞争力、抬高成长天花板。同时,引导各类持牌金融机构探索适合自身特点及基础情况、行之有效的前沿技术落地方式和线上线下结合能力建设路径。

第四,着力完善更加适配的监管生态。普惠金融监管需要刚柔相济,约束与托举并存,既要关照"主力",也要看到"周边"。建议重点关注以下方面,以进一步提升监管政策环境与机构业务稳健运行发展的耦合性:一是推动国家金融管理部门采取必要措施抑制商业银行净息差快速收窄对其内源资本补充的不利影响,保障银行合理利润,纠偏"息差收窄—争夺市场份额—息差进一步收窄"的不良循环;二是指导机构加强信息数据互通,纠正实践中存在的多头过度授信倾向,防范因银行不理性投放、客户不理性使用引发的信用风险;三是综合考虑社会风气、经济增长态势等因素,探索对主要面向年轻客群的各类消费贷业务增加直系亲属知情等必要限制,切实用好地方金融监管力量压缩未有效纳入监管(甚至涉嫌违法)的高息网贷平台生存空间,避免产生和扩大社会风险;四是推动探索对民营银行尤其是非互联网型的民营银行实施常态化、差别化监管模式,便利其合理补充资本、拓展业务;五是破立并举、整顿为先,比照整治第三方理财机构等做法,严厉打击勾连银行基层人员、借普惠金融政策牟利、恶化普惠贷款底层资产质量等非法贷款中介活动,促进行业回归本源、健康发展,在"算清旧账"基础上推动有基础的机构向持牌贷款经纪公司发展,廓清相关领域秩序。

（本报告由浙江大学金融研究院提供）

第十七章 关于坚持系统整体设计加快 发展商业养老金融的建议[①]

在人口老龄化快速发展的背景下,我国亟须健全养老金融体系,促进 "老有所养"目标高质量实现。当前商业养老金融市场整体发展乏力,对增 加养老储备、壮大养老产业的支持能力不足,是养老金融体系的短板。加快 发展商业养老金融,应坚持系统整体设计与统筹推进,一要完善基本养老保 险制度;二要健全第三支柱制度体系;三要提升金融中介适老化程度;四要 加强国民金融素养教育。

一、商业养老金融发展现状

商业养老金融产品是由金融中介机构设计发行、由个人自愿购买、以满 足养老需求为目标的金融产品,包括第三支柱养老金和老年人为实现财富 保值增值购买的其他储蓄、保险、理财、信托等金融产品。2022年10月个人 养老金制度推出,标志着我国商业养老金融发展进入新阶段。截至2024年 8月底,个人养老金市场上共有理财类产品26只、储蓄类产品465只、保险 类产品88只、基金类产品196只。然而,个人养老金制度试点以来存在关注 度高而参与度低、开户数多而实缴数少的问题,反映出商业养老金融发展 乏力。

① 本章内容是浙江省新型重点专业智库——浙江大学金融研究院的 AFR 咨询要报成果,也 是浙江省社科规划全国影响力建设智库重大课题"扎实做好金融大文章,全力推进金融强省建设研 究"(课题编号:ZKZD2024012)的成果之一。执笔人为浙江大学金融研究院研究员张川川、浙江大学 金融研究院助理研究员刘来泽。

二、商业养老金融发展面临的挑战

(一)第一支柱高缴费挤出商业养老金融需求

我国职工基本养老保险缴费率为24%,显著高于德国的18.6%、日本的18.3%、法国的15.45%,综合费率处于世界前列。灵活就业人群名义缴费率为20%,但全部由个人负担,且该群体收入水平多数达不到所在地保险缴费基数下限,实际缴费率高于20%。基本养老保险缴费率过高降低了劳动者当期可支配收入,抑制了其对商业养老金融产品的需求。

(二)激励不足导致参与积极性低

世界各国普遍通过税收优惠鼓励个人养老金发展,并按照在缴费阶段、投资阶段和收益领取阶段是否缴税分为不同的税收优惠模式,我国当前采取在收益领取阶段缴税的税收优惠模式,被称为EET模式;其他国家主要采用缴费阶段征税的TEE模式。国家税务总局税收数据显示,目前我国取得综合所得的人员中,无须缴纳个税的人员占比超过七成;在剩余不到三成的实际缴税人员中,60%以上仅适用3%的最低档税率。可见能够享受到税收优惠的参与者比例过低。

(三)商业金融产品市场体制机制不健全,金融产品适老化程度不足

根据个人养老金制度规定[①],个人在银行开办账户,其他非银金融机构需要以银行为依托提供产品。因此,个人只能从进驻开户行的养老金融产品中进行选择,阻碍市场发育。非银金融机构依托银行开展业务,增加总体运营成本,并向投资者转嫁,进一步阻碍市场发育。

大量金融产品借"个人养老金""养老金融""商业养老保险"之名套壳推出,与其他非养老金融产品大同小异,不符合老年人特点和投资需求。产品运营周期短,三年期以下产品占比过高,不具备长周期下高收益率的优势,进一步降低了居民购买意愿。金融中介机构服务的适老化程度不足,对老年人的认知特点、生理特点的把握不到位。

---

① 《个人养老金实施办法》第六条、第七条。

（四）居民金融素养薄弱

我国金融市场起步较晚、发展不充分,现有老年人口缺乏金融参与的知识和技能积累。国内家庭金融调查发现[①],30—49岁年龄段人口的金融素养相对较高,50—59岁和60岁以上年龄段人口的金融素养较低。近年来,各类金融诈骗数量不断增加、形式逐渐隐蔽,进一步降低了老年人的金融参与意愿。即使金融素养相对较高的劳动年龄人口,在调查中能正确回答两道关于存款储蓄和股票债券问题的受访者分别仅占16.78%和16.38%。不具备基本金融常识、难以识别投资理财所需信息的居民家庭占比较高,难以合理选择跨度长、不确定性高的商业养老金融产品。

三、浙江省推进发展商业养老金融的经验与做法

浙江省从民生保障和金融强省两个基本点出发,深刻认识到发展商业养老金融的重要长远意义,在推进过程中形成了一定的经验和创新做法。

（一）健全顶层制度设计,系统协调经济社会发展目标

浙江省将商业养老金融发展作为推动全省社会经济综合改革的举措之一大力推进,出台相关指导文件健全顶层设计,为市场完善和发展奠定基础。

2022年浙江省发布《关于金融支持浙江高质量发展建设共同富裕示范区的意见》,明确提出加快健全养老金融服务体系,鼓励金融机构开展养老金融业务创新,推进专属商业养老保险试点,适时开展养老理财试点;同时推进金融便民服务改革,持续改善对老年人的金融服务。

同年,浙江银保监局印发《浙江银行业保险业支持高质量发展建设共同富裕示范区工作方案》,要求通过丰富专属商业养老保险、养老理财、个人储蓄性养老保险、长期护理保险等产品完善养老保障体系;同时,通过持续推动充分考虑老年人需求的金融基础设施建设缩小老年人金融参与鸿沟。

在针对供给侧的改革指导文件《浙江银行业保险业适老金融服务指引》中,浙江省从体制机制、产品与技术改造、网点建设与服务、金融知识教育宣

---

① 数据来源:刘国强.我国消费者金融素养现状研究——基于2017年消费者金融素养问卷调查.金融研究,2018(3):1-20;中国家庭金融调查数据库。

传、消费者权益保护五个方面布局,强化商业养老金融市场建设。

(二)提高金融普惠程度,整体布局金融体系一盘棋

商业养老金融的发展必须依靠居民的广泛参与,并且惠及社会经济地位较低的群体,拓展金融宽度。

浙江省普惠金融基础好,是中国民间金融改革的先行地和示范区。温州金融改革试点、丽水金融改革试点和台州小微企业金融服务改革创新试验区等使当地居民的金融素养得到普遍提高,完善了当地居民、小微企业参与金融的渠道,增强了金融中介服务居民部门并设计产品的能力。

近年来,浙江省数字金融快速发展,构建金融大脑,推动线上支付和网络理财产品有序发展,降低居民金融参与门槛,丰富居民金融参与渠道和产品选择,为商业养老金融产品的推广搭建平台。

(三)实践做法:提高金融中介为老服务能力

2022年7月,工商银行浙江省分行与浙江省发展改革委签订共同推进普惠养老高质量发展合作备忘录,合作促进商业养老金融市场健康发展。

一是在个人养老金方面,该行率先开创"开户＋缴存＋权益＋投资＋税优"一站式综合服务平台,到2024年,上线的个人养老金专属存款、理财、基金、保险产品已经累计达到50余款,客户可通过个人养老金专区服务完成综合资产配置。

二是在金融服务方面,该行在各网点内还准备了安心座椅、应急急救箱、放大镜、老花镜、轮椅(或拐杖)等,对老年客户多的网点加强配置,优化动线分区。并开通特事特办上门服务,解决老年客户"出门难"问题。

三是在金融教育方面,该行按照线上线下双线并行的模式,一方面以"工行驿站"为阵地,开展常态化、多层次的金融知识普及、反诈宣传;另一方面主动对老年客户开展定期电话回访并进行风险提示。

四、坚持系统整体设计　推进发展商业养老金融

养老金融体系是一个整体,服务于养老需求。商业养老金融的发展必须按照整体性、系统性原则有序推进,前提是基本养老保险的合理优化,主

线在于制度建设,核心是提高金融中介机构产品设计和服务能力,重点是提高居民金融素养。其中完善基本养老保险和统一性制度建设的主要责任在于中央政府部门,而地方可以加强对金融机构的支持协作。浙江省推进金融中介机构进行适老化服务升级改造,连接社区资源开展金融教育等经验做法为商业养老金融的发展提供了浙江方案。

(一)完善基本养老保险制度,为商业养老金融产品发展留出空间

一是合理调整制度参数。通过参数优化能够更好地在保障可持续性前提下有效降低养老保险缴费率,为居民购买商业养老金融产品留出空间。当前重点是依据精算办法重新科学计算个人账户计发月数,并进行"新人新办法"改革,合理延长确定计发基数的年限。

二是规范缴费基数。养老保险法定缴费率过高,企业隐瞒雇员、低报缴费基数等现象严重,导致各地各单位实际缴费率不同程度低于法定缴费率。目前国有资本充实社保基金全国划转工作已基本完成,对社保基金起到了有效的补缺作用。借此契机,可以逐渐规范缴费基数,适当降低法定缴费率。

三是优化基金投资组合。提高基本养老保险基金的投资收益率是增强制度可持续性的重要手段。目前,基本养老保险基金委托投资的比例仅为22%。全国社保基金理事会应在审慎评估的基础上,参考国际经验,适当增加权益类资产占比,并研究扩大投资范围。

(二)健全第三支柱制度体系,丰富激励手段

一是调整税收激励政策。实施TEE模式和EET模式相结合的税收激励手段,允许参保者自主选择参与方式。在考虑基本养老需求后,对EET模式下领取的应税部分进行必要扣除。可借鉴德国里斯特养老金制度设计,设置针对每个参保者的基础补贴和针对生育子女家庭的子女补贴。

二是建立统一的线上产品平台。政府牵头打造包含各类金融机构产品的线上平台,缓解市场信息不完全、信息不对称,降低市场交易成本。金融监督管理部门按照风险大小、收益周期、预期收益等进行商业金融产品分类,缓解需求方信息劣势,缓解不信任度。

三是提高第三支柱流动性。允许产品持有人在面临教育、医疗需求时

提前支取一定比例金额。密切二、三支柱之间的联系,允许企业年金个人部分或企业缴费确权给个人部分转移至个人养老金,方便个人在转换到未建立企业年金的单位或失业时持续累积权益。

(三)提升金融中介适老化程度

一是提高金融服务水平。总结老年人业务经办常见问题和金融诈骗常见套路,进行面向老年人口的常态化宣传。全面开展金融机构适老服务岗前培训,对经办网点的硬件设施进行适老化改造,包括加装适宜高度的扶手、缓坡,设置带有耳机的智能终端。

二是增强产品设计能力。充分调研分析投资者的生命周期属性,如退休年龄、风险厌恶程度、金融资产情况,按照下滑航道设计理论,设计满足不同年龄段人口的资产配置结构,并配置响应模型。进行综合化养老产品设计,配套医疗检查、老年教育、养老照护等增值服务。

三是充分发挥金融中介的信息优势。养老金融中介对养老企业的产品质量、经营状态、发展前景有更加精准的把握,可以向居民家庭进行择优推荐,增强养老金融中介机构发现和支持优质养老产业的能力,推动养老产业发展。

(四)加强国民金融素养教育

一是将金融知识融入基础教育。在中小学课程中安排金融知识教学课时,在社会实践、政治课等课程中安排相应的学习内容并编制印发统一教材。

二是依托老年大学加强老年人口金融知识教育。设立专门面向老年人的养老金融课程,介绍养老目标基金、养老理财产品、商业养老保险等养老金融产品的特点,提高老年人投资养老意识。

三是依托基层组织宣传普及金融知识。以村、社区为抓手,宣传普及金融知识,鼓励有条件的地区定期开展金融知识讲座。由县、区政府牵头组织,推动当地金融中介机构与社区合作开展养老金融知识宣传教育,将金融知识宣讲作为金融中介机构社会责任承担的一部分。

(本报告由浙江大学金融研究院提供)

第十八章　关于推进浙江省数字金融高质量发展的政策建议①

　　2023年10月召开的中央金融工作会议明确提出要做好数字金融这篇大文章,为助力金融强国建设提供了战略方向。数字金融借助大数据、云计算、区块链和人工智能等数字技术实现金融服务的快捷化、高效化和低成本化,通过促进资金和数据等要素的高效流动支持数字经济高质量发展,践行金融服务实体经济的宗旨。2024年11月,中国人民银行等七部门联合印发《推动数字金融高质量发展行动方案》,从基础设施、治理体系和管理制度等多个方面构建了系统化的数字金融发展框架,突出了数字金融在推动中国经济结构转型和创新驱动发展中的重要作用。

　　2024年4月的浙江省委金融工作会议强调,要推动数字金融等"五篇大文章"做实做细,加快建设金融强省。2024年6月,中国人民银行浙江省分行会同九个省级部门印发《关于开展做好金融"五篇大文章"助力浙江经济高质量发展专项行动的通知》,开展数字金融创新发展等五大专项行动,赋能浙江数字经济高质量发展。2024年11月,浙江金融监管局发布了《关于推进金融"五篇大文章"融合发展的实施意见》,进一步指出数字金融对科技金融、绿色金融、普惠金融、养老金融发展的支撑和赋能作用,强调数字金融高质量发展对于浙江经济社会发展的重要意义。

　　在此背景下,本章系统地梳理了我国代表性省市的数字金融发展现状,

　　① 本章内容是浙江省新型重点专业智库——浙江大学金融研究院的 AFR 咨询要报成果,也是浙江省社科规划全国影响力建设智库重大课题"扎实做好金融大文章,全力推进金融强省建设研究"(课题编号:ZKZD2024012)的成果之一。执笔人为浙江大学金融研究院特约研究员王婷、浙江大学经济学院博士生王哲、浙江大学金融研究院执行院长王义中。

分析了数字金融的差异化发展模式,并立足浙江省六大数字金融主体的特色亮点总结实践经验,为推进浙江省建设金融高质量发展强省和数智金融先行省提出相关政策建议。

一、数字金融的差异化发展模式

我国不同省市根据自身资源禀赋与发展定位,形成了差异化的数字金融发展模式。上海市以创新驱动为核心,致力于建设全球领先的金融科技中心,推进数字人民币应用,支持金融科技子公司创新发展;北京市则以国际化为导向,建设数字货币试验区,设立贸易金融数字化标准,支持国际化金融科技应用;浙江省以基础设施先行为特色,完善跨区域支付和数字人民币试点,强化金融科技基础设施建设;重庆市注重标准认证,打造国家金融科技认证中心,推动数字技术标准化与规范化应用;广东省依托粤港澳大湾区的集群优势,支持金融科技创新集群化发展;海南省则聚焦监管创新,通过数字货币应用试点、区块链金融集群和"监管沙盒"模式,探索包容性发展路径。各地在推动数字金融发展的过程中,积极释放数字技术赋能金融创新的潜力,围绕数字人民币应用、金融产品研发和政府监管手段创新等方面不断探索多样化的发展路径,为我国数字金融高质量发展积累了宝贵经验。

一是以产业集群优势为突破口的数字金融发展模式。广东省依托粤港澳大湾区建设,形成了电子信息制造业集群,增强了上下游数字产品供应和金融服务的竞争力。基于产业园区和产业集群的数字化转型,广东省先行试点金融科技创新监管、数字人民币和区块链应用。例如,中国人民银行广东省分行搭建了"珠三角征信链"平台,促进区域征信基础设施的互联互通。截至2023年已实现上链信用信息9406万条,服务金融机构累计查询企业信用报告635万笔。

二是以创新和要素为切入点的数字金融发展模式。北京市作为科技创新中心,拥有90多所高校和1000多家科研院所,能够依托丰富的科研资源深化数字技术的研发与应用,全市数字经济占比超过40%。基于科技创新的优势,北京市的数字金融发展取得了阶段性成果,而且数字金融监管也处于全国引领地位[①]。上海市则通过加快数据要素的集聚与交易推动数字金融发展,上海数据交易所牵头发起了全国数据交易联盟,2023年全年数据交易金额突破10亿元,构建了涵盖数据资产交易和数据应用开发的生态体系。此外,上海依托自贸区临港新片区构建"国际数据港",助力"国际数据之都"建设,夯实数字金融基础设施。

三是以数字基础设施为立足点的数字金融发展模式。福建省积极推动金融机构与科技公司的合作,支持金融机构设立金融科技子公司,鼓励优秀企业建立金融科技研发机构,促进数字技术在金融领域的创新与应用。例如,福建省搭建了省县两级金融服务平台和林业金融区块链融资平台,并加快推进龙岩、莆田等城市的5G基础设施建设,探索"担保云"等数字普惠金融平台建设,着力解决小微企业融资难题。

尽管我国数字金融发展已取得显著成果,但是数字金融在快速发展的同时也呈现出明显的区域不平衡的特征。第一,东部地区社会融资规模明显领先于中西部地区,说明金融服务可获得性和数字基础设施完备性的地域差异明显。第二,不同地区之间金融科技公司数量存在较大的差距,呈"东高西低"态势。第三,数字金融覆盖度与使用度的地区差异问题仍然存在,在提高数字金融产品普及度和提升客户黏性等方面仍面临一定困难。

二、数字金融创新发展的浙江经验

浙江省以金融业发展"十四五"规划和数字经济"一号工程"为引领,以富有浙江特色的数智金融平台为核心,积极打造国际金融科技创新、多层次资本市场发展、民营和中小微企业金融服务三大高地,构建了从顶层设计到企业数字化转型的完整体系。本章围绕不同类型的数字金融主体[②],梳理了

---

①　2023全球数字经济大会数字金融论坛显示,在数字金融基础设施建设方面,北京深入开展数字人民币试点,截至2023年一季度末,累计实现数字人民币交易9400余万笔;搭建数字化的小微金融服务平台;建立金融科技应用场景发布机制。在数字金融治理方面,北京已经累计发布五批26个金融科技创新监管试点项目,6个项目率先完成测试,资本市场金融科技创新试点也已发布了16个项目。

②　数字金融通常被定义为运用数字技术提供金融服务的模式,其主体包括负责技术研发的数字技术公司,应运而生的纯线上金融服务公司,实施数字化改革的银行、保险、券商公司等传统金融机构和政府主导的数字监管部门。

浙江省数字金融发展的鲜活案例和实践经验。

(一)顺势而为,前瞻布局,方能把握机遇

浙江省在数字金融领域取得显著成就,离不开其前瞻性的布局和对数字技术的深刻理解。在金融业"十四五"规划指引下,浙江省致力于打造金融高质量发展强省和区域金融现代治理先行示范省,推动数字金融领域的创新与实践。省内以杭州国际金融科技中心为龙头,建设了国际金融科技创新高地;以钱塘江金融港湾为核心,形成了财富管理高地;同时,通过建设全球数字金融中心,浙江省率先构建了适应数字时代的金融支付体系,展示了众多鲜活的实践案例,成为数字金融发展的引领者。

(二)数智惠民,不忘初心,才能提质增效

浙江省数字金融发展始终坚持"以人为本、为人民服务"的核心理念,通过深化数字化转型、构建高效便捷的金融服务体系,助力实体经济的高质量发展:网商银行通过完全线上化运营和创新的"大山雀""大雁""百灵"风控系统和"310"贷款模式为小微企业提供了便捷的金融服务,拓宽了金融服务的覆盖面,并提高了金融服务的精准性和效率;浙商证券通过数字化转型和"1683"数字建设体系,不仅提升了自身业务流程和组织架构的数字化水平,更为证券行业的智能化与数字化发展进程作出了积极贡献;浙江省金融综合服务平台运用区块链和大数据等数字技术,打造可推广应用的金融业数据共享与风控平台,为小微企业提供精准融资服务,推动了融资效率和覆盖面的显著提升。

(三)稳中求进,守正创新,得以行稳致远

浙江省在鼓励数字金融创新的同时,始终寻求创新与风控之间的平衡。浙江省积极打造创新驱动下的金融科技生态圈,促进数字金融多元化发展:阿里巴巴的数字金融生态系统为浙江省的数字经济发展提供了持续动力;连连支付开创"支付+SaaS服务"的创新模式,帮助传统行业实现数字化转型,并推动产业链升级;恒生电子通过其高可用、低延时的金融技术解决方案赋能金融机构降本增效。与此同时,浙江省通过"天罗地网"金融风险监

控系统,集成了实时风险监测、预警处置等功能,大幅提升了金融风险的预测精准性和系统化管理能力,为浙江省的金融风险防控提供了坚实保障。

三、推动浙江数字金融高质量发展的政策建议

总体而言,浙江省在数字金融的诸多方面取得了长足进展,但依然存在一些共性问题需要解决,例如数字开放合作与自主安全的矛盾、金融创新与现有监管体系滞后的矛盾、数据共享与隐私保护的矛盾、线上信用化与流动性风险扩散的矛盾等。为了解决这些问题,需要进一步优化政策和健全数字基础建设,加强数据治理与新型风险防控,确保数字金融在健康轨道上的持续发展。

第一,提高金融创新容忍度,打造"数字金融创新先行省"。在数字金融监管上,落实"监管沙盒"试点项目,应从传统的反应式管理转向主动性和预见性的多层次监管。为创新型金融企业提供政策支持,逐步优化审批流程,帮助企业在可控环境下试行创新技术。构建针对省内各地经济特色的数字金融模式,如推动杭州设立金融科技创新区、宁波建设跨境金融平台等。在政策配套上,继续加快出台适应数字金融发展的法规,确保创新有法可循。

第二,推进数字人民币试点工作,构建"数字支付先行省"。推动数字人民币在更广泛的场景中应用,包括跨境结算和批发类支付,为企业提供更灵活的支付方案。优化数字人民币的技术架构,通过构建央行与参与机构的统一账本,加强统计、监测与管理功能的协同。推动智能支付与智能合约应用,在特定场景中加载智能合约,降低履约成本,提升资金管理效率。此外,提高跨境支付的便利性,通过跨境电商、国际旅游等应用场景,加深与本地企业如蚂蚁集团、连连支付等的合作,简化外汇管理流程,满足境外企业与个人的数字人民币支付结算需求。

第三,加强数据治理与算力建设,建设"数字金融基础设施先行省"。推动出台相关数据治理法规,明确数据采集、使用及存储规范,建立更多金融数据共享平台,消除信息孤岛。针对金融数据隐私保护问题,设定严格的行业标准,确保数据流动的安全性。加强基础设施建设,提升全省的云计算、区块链及超级计算中心的算力水平,为金融科技创新提供更有力的支撑。

大力推广区块链技术的试点应用,尤其在供应链金融、贸易融资及数字身份认证等领域,通过这些试点项目的成效,逐步构建透明、可信的金融交易系统。

第四,规划产业融合立体化建设,培育"产业数字金融先行省"。在杭州建立金融科技产业园区,设立集孵化器、加速器、风投基金等于一体的金融科技发展平台,并提供税收优惠政策以吸引国内外优质企业入驻。利用区域专项资金,帮助宁波、绍兴等地建立联动发展的数字金融创新链。推动金融与制造业、零售业等产业的深度融合,开发适配行业的数字金融产品,例如供应链金融和工业物联网结合的融资方案,以支持企业发展。重视高校科研的创新成果转化,通过校企合作,共建创新实验室,提升金融科技前沿技术的研发水平。设立专项资金并制定奖励政策,鼓励更多本土企业向国际市场拓展,提升浙江在全球金融科技行业的影响力。

(本报告由浙江大学金融研究院提供)

附录　2023年度浙江省促进金融业发展的政策汇编

中国人民银行浙江省分行等六部门
关于开展"数字支付之省"建设的意见
（2023—2025年）

浙银发〔2023〕4号

为贯彻落实国务院关于大力发展数字经济的战略部署,以及省委、省政府关于实施数字经济创新提质"一号发展工程"的要求,做强做优数字支付产业,助力浙江数字经济发展,现就建设"数字支付之省"提出以下意见:

一、总体要求

（一）指导思想。以习近平新时代中国特色社会主义思想和党的二十大精神为指导,深入贯彻省委、省政府有关数字经济创新提质"一号发展工程"要求,积极践行"支付为民"理念,切实构建应用便利、服务智能、安全高效的数字支付服务体系,加快推进数字支付智能化、普惠化、标准化发展,着力打造多元、开放、包容的数字支付产业新格局,为浙江建成数字经济高质量发展强省贡献金融力量。

（二）主要目标。到2025年,浙江省数字支付发展居全国领先水平,移动支付、数字人民币、生物识别支付等数字支付方式广泛应用,力争交易规模年均增长10%以上,2025年交易规模突破120万亿元。

——数字支付应用场景全面升级。政务、交通、医疗、文旅、商业等主要行业场景实现2种以上数字支付方式应用。行业综合数字支付解决方案趋于成熟,至少3个细分行业领域实现基于数字支付的金融赋能。

——数字支付产业格局不断优化。银行业移动支付业务量占移动支付总量的30%以上。数字人民币、生物识别支付成为零售支付领域的有益补充,数字人民币业务量年均增长50%以上,生物识别支付业务量年均增长30%以上。

——数字支付普惠进程加快推进。农村地区数字支付规模持续扩大,农村金融服务站全面实现通过移动支付方式办理助农业务,各渠道无障碍、适老化改造深入推进,小微企业依托数字支付获取更多便利化金融服务。

——数字支付国际领先优势凸显。境外个人使用境内移动支付服务扩面增量,跨境数字支付有序发展,形成一批数字支付国内、国际先进标准,将我国跨境支付解决方案推向全球。

二、主要任务

(一)深化移动支付应用,提升产业发展能级。

1.深化移动支付应用场景建设。支持银行机构、支付机构、清算机构(以下统称支付服务机构)进一步拓展移动支付在政务、交通、医疗、文旅等便民场景应用的广度和深度。推动公交移动支付实现"一码通"及全省域通用,推进高速公路移动支付联网收费普及应用。完善和丰富统一公共支付平台移动支付渠道,适应各类执收业务场景需要。积极引导放心农贸市场和三星级以上农贸市场开通移动支付,力争2025年底前全省70%的农贸市场实现移动支付应用。依托全省"智慧医保"系统,对纳入医保定点范围、并开展互联网诊疗活动的医疗机构和零售药店,支持纳入"互联网+医保"范围,实现全省医保移动支付全覆盖。通过打造移动支付"示范商圈""示范街区"等方式,深入推进移动支付在商业领域的应用。支持各级政府通过多个支付平台发放数字消费券,优化消费者和商家的支付体验。充分利用电商发展新机遇,为直播电商、垂直电商等电商平台提供移动支付服务,拓宽支付服务渠道。支持传统批发零售企业以移动支付为入口,推动线上线下业务双向融合发展。

2.推进移动支付场景共建共享。引导支付服务机构加大资源投入,加强移动支付场景共建共享,不断提高客户使用移动支付的便利性和体验度。积极推动银行业APP和支付机构APP之间、不同支付机构APP之间的互联互通,推进数字人民币与移动支付工具互联互通,实现"一码通扫"。着力推动银行业APP上线各地公交、地铁乘车码应用,实现全省公共交通领域可受理银行业移动支付。推动"浙里办"政务服务平台与银行业APP对接,优化银行业APP便民服务功能。推动银行机构、银联公司之间加强合作,通过银行APP和云闪付APP场景共享、资源共投、营销互通、数据赋能等方式,促进银行业移动支付持续发展。

3.加快移动支付普惠发展进程。重点推动移动支付向农村地区延伸,组织开展"移动支付应用示范县(市、区)"创建活动,进一步扩大移动支付在农村地区的覆盖面。全面推广使用移动支付方式办理助农服务,发挥农村金融服务站扎根农村的优势,引导农村居民使用移动支付。引导支付服务机构主动对接数字乡村建设,依托移动支付平台提供线上政务、乡村治理等便民服务。以更加便利、多样化的移动支付服务支持山区26县发展特色产业、乡村旅游、农村电商等,切实助力山区26县高质量发展。聚焦老年人、残障人士等特殊群体,打造适老化、关怀式移动支付产品,消除数字鸿沟。力争2025年底前,农村金融服务站全面支持使用移动支付办理业务,山区26县中"移动支付应用示范县(市、区)"占比达15%以上。

4.促进移动支付国际化发展。支持相关支付服务机构充分利用杭州亚运会契机,大力发展境外个人使用境内移动支付服务。选择省内境外人员较为集聚的市场、商圈、机场、高校、公共交通等区域,建设境外个人使用移动支付应用示范场景,使入境人员能享受到境内移动支付的便利。力争到2025年末,全省至少建成20个境外个人移动支付示范场景。支持省内支付服务机构向全球推广跨境支付技术解决方案,为境外电子钱包用户提供多种跨境支付方式。力争2025年底前,跨境支付业务覆盖全球300万以上商户。引导银行机构与符合条件的支付机构加强合作,以首办户拓展行动为抓手推广跨境人民币结算。鼓励银行机构与支付机构创新、拓展跨境支付领域,提升经常项下外汇收支便利化水平,吸引更多的跨境电商通过省内银行机构和支付机构办理跨境支付业务。

(二)推动数字人民币扩面增量,加快普及应用进程。

5.加速推进数字人民币受理环境建设。围绕《浙江省数字人民币试点工作方案》,推动"数字政府""数智生活"等7大主题20类场景全面落地。全力保障杭州亚运会数字人民币试点,实现数字人民币在亚运会赛事侧场景的全覆盖和城市侧重点领域的全面提升,为亚运会期间来浙人员提供便捷支付新体验。深化数字人民币在政府公共服务领域的应用,推动"浙里办"政务服务平台涉及资金收付的数字化应用支持数字人民币,扩大数字人民币在税费缴纳、公积金缴纳、社会保障等领域的应用规模。加快提升医疗卫生、公共交通、零售消费、文旅消费等民生场景数字人民币受理环境,鼓励公众使用数字人民币消费结算。

6.促进数字人民币应用创新深化。积极探索数字人民币硬钱包应用,研究推出"一卡通"、手环、手机 SIM 卡等多种形态,满足多元化场景需求。探索数字人民币与智能合约结合的应用,推动建立依托数字人民币的预付资金监管平台,促进解决预付资金领域的难点痛点问题。探索数字人民币在跨境支付领域的应用,推动具备条件的外贸企业参与多边央行数字货币桥项目。探索数字人民币在产业链、供应链结算方面应用,鼓励金融科技企业积极参与数字人民币试点,通过参研重大技术、承接重点项目,推动数字人民币支付终端行业发展,打通数字人民币上下游支付链路,打造数字人民币金融科技生态圈。支持数字人民币向农村地区延伸,结合数字乡村建设,提升农村受理环境覆盖面及普及率,推动数字人民币在农产品供应链、农村文旅康养、渔业交易、现代农业园区建设等乡村产业应用。

(三)探索推动生物识别支付应用,引领融合发展方向。

7.积极推进刷脸支付应用。引导支付服务机构加强刷脸支付的推广应用,为社会公众提供更加多元化的支付选择。切实加大资源投入,升级改造支付受理终端,扩大刷脸支付商户覆盖面。鼓励支付服务机构在线上支付环节开发应用刷脸支付,提升支付服务体验度。着力推动刷脸支付在连锁商超、餐饮、住宿、美容美发等行业的应用,为促进消费提供更加多样的支付服务。着力推动刷脸支付在景区、工业园区的应用,为游客、园区职工提供门禁、就餐、购物等一站式刷脸应用。利用数字技术优化老年群体支付服务,推动在社区老年食堂、助餐服务点、政务服务等场景应用刷脸支付,有效解决老年人应用部分移动支付功能难的问题。

8.积极探索多元生物识别支付。支持并鼓励支付服务机构推动指纹和指静脉、掌纹和掌静脉、声纹、虹膜等生物识别技术在支付领域的应用。推动支付服务机构规范生物特征信息的处理,在应用时取得客户授权。在确保安全的基础上,合理简化生物识别支付操作流程,提升支付便捷性。尽快在浙江省落地应用刷掌支付,并选择省内部分地区有意愿的商户开展掌纹和掌静脉生物识别支付试点,探索推广应用模式,及时总结试点经验,引领生物识别支付发展方向。鼓励并支持支付服务机构与汽车、智能家居生产厂商合作,探索声纹支付在车载、家居等场景的应用。推动"人脸＋掌纹""指纹＋人脸"等多模态生物识别技术在支付领域的应用,探索提升生物识别支付的准确性和安全性,满足不同场景的个性化支付需求。

(四)推进数字支付产品和服务创新,优化支付服务体验。

9.创新数字支付服务模式。完善细分行业综合支付解决方案,将数字支付有关数据与物流等数据深度融合,帮助其构建线上线下营销体系,促进行业数字化升级。创新红包码等小微商户个性化支付服务,带动小微企业经营实现数字化转型。借助数字支付,大力促进数字金融发展,着力解决长尾客户融资难等问题。加大数字人民币硬钱包应用创新力度,在智慧养老、行政机关、智慧园区等领域设计开发主题硬钱包,提高数字人民币的社会接受度。引导支付服务机构为线上教育、远程医疗、知识付费、网络直播等新兴数字经济业态提供便捷、经济的数字支付服务。围绕服务功能、业务流程、用户体验等要素,加大产品和服务创新力度,搭建起良好的数字支付服务生态圈,并在全球数字贸易博览会上展示数字人民币应用。

10.创新数字支付应用技术。加大数字支付应用技术研发力度,重点研发金融服务多对多交易结算场景技术、分布式海量多元异构金融数据平台、跨云服务等数字支付应用基础研究和关键支撑技术研究。推动5G、云计算、人工智能、物联网等新技术在数字支付产业链上下游的广泛应用,提高数字支付业务处理效率。探索智能合约、伞列钱包、无网无电支付技术与数字人民币的有机结合,满足特定人群、特定时点、特定区域支付需求。结合元宇宙建设中电子商务、虚拟社交等场景的应用,研发相适应的新型数字支付服务方式。推动将隐私计算技术应用于数字支付环节,促进数字支付数据要素安全、流转合规。探索无网络环境下数字支付的应用实践,为突发自然灾害、远洋捕捞、飞机航班等特殊环境提供支付保障。

11.创新数字支付供给机制。充分发挥行业自律作用,切实推进支付服务机构间加强开放与合作,实现应用场景、基础设施、业务标准等之间互联互通,充分凝聚产业发展合力,有效满足数字支付市场需求。引导支付服务机构打破内部组织壁垒,根据项目组建专门的工作团队,增强支付部门与财富管理、融资管理等部门间的协同性,构建以数字支付为基础的金融服务生态体系。建立有效的激励机制,从用户和商户两端发力,推动数字支付的广泛应用。定期运用大数据技术,深入分析客户和用户数字支付行为特征,针对性优化或创新数字支付产品功能,不断提升客户和用户的黏性。

(五)规范数字支付业务发展,打造安全应用环境。

12.完善数字支付基础设施。推动支付服务机构加强数字支付业务处理系统的管理,定期开展业务系统风险排查,制定完善的突发事件应急预案,强化数字支付业务和清算系统连续性保障能力。加大技术研发投入,持续更新基础设施,提升系统运行可靠性。进一步完善内部控制,加强日常运维管理,防范业务处理风险。制定并实施有效的网络安全策略,定期排查并修复系统漏洞,防止发生被黑客攻击、信息泄露等重大风险事件。加强数字支付受理终端管理,确保其能持续合规对外提供支付服务。采取有效手段提升技术水平,防范针对生物识别算法漏洞的攻击,加强生物特征信息保护,严控生物识别支付风险。

13.建设数字支付业务标准。合力推进移动支付数字经济标准化提升试点项目。完善在建的支付风险防控国家标准和团体标准,探索制定多模态生物识别支付、移动支付开放 API、数字钱包、SDK 等数字支付细分领域技术标准。研究开展隐私计算、人工智能等技术用于数字支付标准提升项目,推动制定并实施一批先进标准。加强与国际标准化组织合作,继续推进数字支付领域 ISO 标准的制定,引导相关企业参与其他国际标准化组织以及区域性标准化组织数字支付相关技术标准研制,提高国际标准话语权。

14.强化数字支付风险防控。切实落实《中华人民共和国反电信网络诈骗法》有关行业管理职责,防控化解非法资金链风险。加强账户、商户源头性风险治理,建设运行"预警码""警银通"功能,推进跨部门、跨机构间风险信息共享,提升数字支付异常交易预警监测的有效性和针对性。深化警银合作,加大对非法经营支付业务、套现、买卖账户、侵犯公民个人信息等违法违规行为的打击力度。深化实施金融科技创新监管工具,运用专家评估、信息披露、社会监督等方式,对数字支付领域创新活动实施科学、审慎监管。推动支付服务机构切实规范数字支付业务行为,严格落实支付受理终端、业务外包、资金结算、风险监测及处置等各项管理要求,提高数字支付风险防控能力。

三、保障措施

(一)加强组织领导。省人民银行牵头负责综合协调、组织实施,各有关部门按照职责分工落实推进相关工作,各支付服务机构切实抓好本单位的数字支付产品的推广应用和业务创新。建立任务清单机制,明确各部门、各机构的职责分工,确保各项任务落实到位。建立信息沟通机制,不定期召开会议,通报工作进展情况,总结典型经验和做法,及时在全省推广。

(二)抓好指导督促。各省级有关单位要加强对各地、各支付服务机构贯彻"数字支付之省"建设情况的指导督促,营造比学赶超、争先创优的工作氛围。完善数字支付统计指标体系,及时、准确反映建设目标和任务完成情况。推动支付服务机构加大数字支付推广应用的考核激励力度,充分调动本系统内推广应用数字支付的积极性。

(三)注重宣传引导。推动各地、各支付服务机构充分结合杭州亚运会等重大活动,开展"数字支付之省"建设成果的宣传,推广典型应用模式,增进社会公众的认知度,营造良好的"数字支付之省"建设社会氛围。鼓励支付服务机构根据不同的数字支付产品,组织开展不同形式的宣传活动,引导更多的社会公众体验并使用数字支付。注重加强对老年人、残障人士、农村居民等特殊群体数字支付应用的宣传辅导,帮助其熟练掌握数字支付产品功能,有效提升服务的深度、温度。

中国人民银行浙江省分行
浙江省科学技术厅
浙江省商务厅
浙江省市场监督管理局
浙江省地方金融监督管理局
国家金融监督管理总局浙江监管局
2023年8月18日